产业元宇宙

彭 昭　　　林江斌
屠文慧　王铎霖　王苏静　著

电子工业出版社
Publishing House of Electronics Industry
北京·BEIJING

内 容 简 介

这是一本系统性阐述产业元宇宙的概念、技术架构与应用前景的图书。本书深入浅出地介绍了产业元宇宙这个新名词，清晰讲述了产业元宇宙如何与各行各业相结合，如何让产业元宇宙创造价值。既然元宇宙的价值并不是让我们脱离现实，沉迷虚拟世界，元宇宙需要为实体经济服务、为制造业服务、为各种传统行业的数字化转型服务，那么元宇宙如何与产业结合？如何应用产业元宇宙？有哪些值得把握的机遇？我们每个人如何从中受益？读者都可以在书中找到答案。本书采用5W2H分析法，解读产业元宇宙即将给我们带来的全面、深度的变革，以及变革过程中产生的疑问。

本书主要面向互联网、智能科技领域、新兴行业从业者和相关企事业管理者，以及职场新人、对新科技感兴趣的相关人士。

未经许可，不得以任何方式复制或抄袭本书之部分或全部内容。
版权所有，侵权必究。

图书在版编目（CIP）数据

产业元宇宙 / 彭昭等著 . —北京：电子工业出版社，2022.6
ISBN 978-7-121-43511-9

Ⅰ. ①产… Ⅱ. ①彭… Ⅲ. ①产业经济 ②信息经济 Ⅳ. ①F26 ②F49

中国版本图书馆 CIP 数据核字（2022）第 086755 号

责任编辑：李　洁
印　　刷：北京市大天乐投资管理有限公司
装　　订：北京市大天乐投资管理有限公司
出版发行：电子工业出版社
　　　　　北京市海淀区万寿路173信箱　邮编：100036
开　　本：720×1000　1/16　印张：14.5　字数：244千字
版　　次：2022年6月第1版
印　　次：2022年6月第1次印刷
定　　价：79.00元

凡所购买电子工业出版社图书有缺损问题，请向购买书店调换。若书店售缺，请与本社发行部联系，联系及邮购电话：(010) 88254888，88258888。
质量投诉请发邮件至zlts@phei.com.cn，盗版侵权举报请发邮件至dbqq@phei.com.cn。
本书咨询联系方式：lijie@phei.com.cn。

产业元宇宙的十大关系

犹如一石激起千层浪。"元宇宙"一词,可以算得上甫一出炉,即成王道。

在这王者"降临"之际,《产业元宇宙》这本书正是应时而生。

要理解产业元宇宙,我觉得需要厘清十大关系:

一,产业+元宇宙与元宇宙+产业的关系。凡是认同产业+元宇宙的,只需把元宇宙当作工具,用来改造传统产业,做从1到10的事情;凡是认同元宇宙+产业的,需要把元宇宙当作制度,用来颠覆式创新,做从0到1的事情。元宇宙最核心的价值在于制度创新而不是干买椟还珠的买卖。

二,产业元宇宙化与元宇宙产业化的关系。《产业元宇宙》更多地论述了传统产业如何元宇宙化,这确实是目前产业界最重要且紧迫的问题;随着"元宇宙化"程度越来越深、含量越来越高,元宇宙本身也将会蜕变,诞生出"新的生命",衍生出新的产业,从而完成它自身的商业化闭环。此谓"元宇宙产业化"。前者是站在现在预测未来;后者是以终为始,站在未来塑造现在。

三,中心化与去中心化的关系。绝对的中心化和去中心化都不符合商业规律。追求中心化或者去中心化,其实是在效率与公平之间平衡。需要强调效率的商业应用,可以偏中心化一些;需要强调公平的商业应用,可以偏去中心化一些。大部分商业应用都是在中心化与去中心化里作区间适配。

四，数字孪生与数字原生的关系。数字孪生就是把物理世界数字化；数字原生就是在数字世界里面无中生有。从数字孪生到数字原生，再到虚实相生；从数字化迁徙到数字化生存，再到数字化生产。

五，技术驱动与商业模式驱动的关系。元宇宙创新的驱动力不是商业模式创新。元宇宙是由一系列数字技术组合带来的经济与商业创新。先有数字技术组合创新这只"鸡"，后有元宇宙商业创新这个"蛋"，不能缘木求鱼。

六，Web 3.0、区块链与元宇宙的关系。相较Web 2.0，Web 3.0的核心价值是Owner，数字资产的拥有权从互联网平台转移给了数据生产者自身；区块链就是为Owner的数字资产记账的分布式账本；元宇宙世界以Web 3.0为网络基础设施，以区块链为金融基础设施。

七，物理世界与虚拟世界的关系。当人们对虚拟世界的关注时间和关注程度远远超过对现实世界的关注时间和关注程度时，现实世界与虚拟世界相对于人类的重要程度就会翻转，虚拟世界的重要性将超过现实世界。那么，经过两百多年的工业革命，在对物理世界的改造已经到达边际效益递减的情形下，人类社会未来的价值增长将会来自无摩擦成本的虚拟世界。

八，元宇宙与数字货币、数字资本市场的关系。工业革命催生了以股东资本主义、公司制、股票为核心的传统资本市场体系；数字革命正在催生以利益相关者资本主义、去中心化自治组织、数字通证为核心的数字资本市场体系。而基于Web 3.0和区块链的产业元宇宙，它的金融服务支撑体系，将更多地与数字货币、数字资产、数字通证相结合。

九，元宇宙与带宽、存储、算力的关系。带宽、存储、算力是元宇宙的基础，包括产业元宇宙，都是建立在与之相适应的带宽、存储、算力的基础上的。低延时的实时渲染，需要高通信带宽；动态3D视频，需要大容量存储；而3D高仿真下的一动一静、一颦一笑的渲染，都需要强大的算力支持。基础不牢，地动山摇。当年美国西部淘金，在淘金客赚到钱之前，反而是卖淘金工具的先发了财。为元宇宙提供带宽、存储、算力的服务商，应该能赚到元宇宙的第一桶金。

十，元宇宙高能耗与碳中和的关系。无论带宽、存储还是算力，都是高能耗的。5G基站的能耗就比4G基站高很多。3D视频的渲染计算与动态存储，也将是能耗方面的"吞金兽"。元宇宙本质上是一个更高、更多能量转换的新经济模式，是一个能耗总量越来越多、越来越高的过程。碳达峰是碳排放总量设限，不是社会能耗总量设限，那样实质上是对经济发展速度与规模设限。正确的做法是努力提高绿色能源的比例，同时降低单位能耗的指标。

祝贺《产业元宇宙》出版发行！

万向区块链公司董事长
肖风

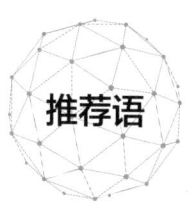

推荐语

"相由心生""三界唯心、万法唯识"等中国传统佛学思想揭示了"心物一元"的超时空、超生死的宇宙奥秘。元宇宙包罗万象，物联网、区块链、人工智能、增强现实、虚拟现实……统统都涵盖其中。元宇宙通过最新科技的综合应用，将现实世界数字化，同样构建了超时空、超生死的平行虚拟世界，这个世界不仅能为我们感知，而且能影响甚至改造我们的现实物理世界。从这个意义上说，元宇宙是人类思想的一次回归与超越，它将借助各类科技手段深刻地影响人类与社会的发展。作为元宇宙的重要分支，产业元宇宙将对传统工业与服务业带来颠覆性的变革，这种变革已经悄然而至。目前，各地方政府发布了元宇宙产业发展行动计划，引导各行各业加速落地，不断建成具有中国特色的产业元宇宙循环生态。相信本书将会对读者全面认知"产业元宇宙"提供帮助。

——厦门大学教授、博导　刘暾东

如果说近两年ICT行业最热的词是什么，那一定是元宇宙。元宇宙的热，除多重因素外，更在于它把数字世界构建的本质做了形象表达。但面对人云亦云的讨论，元宇宙究竟怎么"干"，很多时候是雾里看花。《产业元宇宙》让人眼前一亮，从概念到构建、从时间表到路线图、从关键技术到商业创新，在业界首次给出系统洞察，十分值得在元宇宙路上寻找机会的人们关注。

——通信产业报全媒体总编辑　辛鹏骏

产业元宇宙

元宇宙，这个源于科幻小说中的名词，近两年来频繁出现在人们的视线当中，从设备制造到应用落地，各大科技公司纷纷抢跑，2021年更是被称为"元宇宙元年"，一时间风头无两。如果说2021年是元宇宙元年，各种热点层出不穷，那么2022年必将是冷静之后的退潮，元宇宙将回归理性。元宇宙的逐步推广普及，将推动实体经济与数字经济加速深度融合，元宇宙各类技术价值也将在赋能实体产业中逐步显现，从长期发展看来，产业元宇宙将成为元宇宙形态发展的必然趋势。

但是，关于产业元宇宙这一概念目前并没有达成统一的认知和理解。《产业元宇宙》这本著作尝试从什么是产业元宇宙、为什么需要产业元宇宙、产业元宇宙的关键技术、产业元宇宙的构建、产业元宇宙的商业模式、产业元宇宙的市场格局等方面为我们做了详细梳理，既有理论上的分析，又有大量实践案例的佐证，加之严密的语言逻辑和通俗的语言表达，相信对各个层面、各个领域的读者，对正在或希望布局元宇宙的企业都具有较高的参考价值。

——北京物联网智能技术应用协会会长　李佳

元宇宙的发展依赖于互联网和计算机领域的技术进步，元宇宙的应用取决于它和各个领域的产业融合。在元宇宙快速发展的时代，如何理解和掌握元宇宙概念，了解它涉及的技术，并引领它在各行各业的发展和应用是一个难题。如果你对这些问题有疑惑，那么这本书可以解答你的疑惑。本书深入浅出地介绍了元宇宙的来龙去脉及产业元宇宙这一新名词，精炼地展示了元宇宙涉及的技术领域，清晰地讲述了元宇宙如何与产业相结合，如何让产业元宇宙创造价值。为元宇宙方向的从业者提供了一个很好的起点。

——南京睿悦信息技术有限公司CEO　赖俊菘

在《产业元宇宙》中,我们看到了对元宇宙世界运作的思考,让信任更自由,这应该是数字经济下的基本权利,它给予地球上每一个人、每一台机器参与创造万物互联的公平机会。全球的元宇宙探索者们应该充分利用开放的技术融合和协同的商业创新去建设可持续发展的元宇宙生态环境。

——摩联科技CEO 林瑶

元宇宙始于科幻、显于游戏、爆红于资本市场。元宇宙是若干重要科技产业的集大成者,将成为数字经济的引领性力量,人类将进入虚实融合的元宇宙新纪元。这一切,都取决于产业元宇宙的崛起与繁荣。这本《产业元宇宙》是你从工业互联网和产业互联网向工业元宇宙和产业元宇宙进化乃至跃迁的利器。

——优实资本董事长、
畅销书《元宇宙通证》《元宇宙与碳中和》《元宇宙力》作者 邢杰

假设工业时代是二维空间,互联网时代是三维空间,那么元宇宙就是四维空间。元宇宙时代,发展速度将更快,可能会出现人类历史上从未有过的井喷式创新机会,元宇宙的创新将以秒为单位不停地诞生,元宇宙将是人类技术创新的熔炉和试金石,相信产业结合元宇宙也能有质的提升。

——Nano Labs创始人 孔剑平

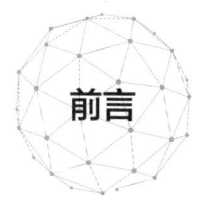

前言

元宇宙的发展现状

"元宇宙"这个词突然变得无处不在。你可能会觉得见怪不怪,因为过去几年,从"互联网+"、大数据、云计算、物联网、人工智能、区块链,几乎每年都会冒出一个颠覆式创新的名词或者概念。

科技的发展并非一直高歌猛进,颠覆式创新有高涨阶段,也有干涸时期。10年前,乔治梅森大学的经济学教授泰勒·考恩出过一本在当时很有影响力的书《大停滞?》,他在书里悲观地提到未来的20年,我们的科技都将处于停滞状态。

如果你从20世纪初穿越到20世纪70年代,就会发现科技和大家的生活发生了翻天覆地的变化,因为经历了电气化和汽车普及的第二次工业革命。但如果你从1970年穿越到现在,发达国家人民的衣食住行、医疗和教育,一切都跟20世纪70年代没有本质区别,除了计算机的出现带来了信息革命,互联网和智能手机在逐渐让你消耗更多时间,其他好像也没有本质上的区别。

然而在2020年11月,泰勒·考恩说"大停滞可能要结束了"。ARK Capital(方舟资本)也支持考恩的这一论断,认为颠覆式创新正在以自19—20世纪之交以来,从未有过的速度快速发展,并且ARK Capital预测这些创新将在2025年迎来一次新的高潮,其集大成者正是元宇宙。

为什么要写这本书?

《人类简史》的作者尤瓦尔·赫拉利说过,人类可以成为万物之王是因为人类可以通过群体合作完成一些轰轰烈烈的大事,比如说造金字塔和探月。所有大规模的人类活动,都是基于这种群体合作,其他物种如蜜蜂也有群体合作,但不管在合作规模上还是在灵活性上,都无法和人类相比。

为什么只有人类可以做到?人类之所以擅长群体合作是因为人进化出一种其他物种没有的能力,这就是想象力。人类通过这种想象力构造了一种超越客观现实的虚构现实。国家、民族、货币、制度、人权乃至信仰都是人类虚构出来的,虚构这些概念的人包括巫师、宗教领袖、律师、统治者和公司,等等。人类生活在包含客观现实和虚构现实的双重现实中,其他动物只生活在客观现实中,这是人类可以统治地球的真正原因。

元宇宙的诞生,让我们人类有了一个新的共同想象。在大航海时代,我们滑动船桨,开拓未知之地,挖掘全球化的巨大市场。接着,我们开启了对太空的探索,面向更为壮阔的星辰宇宙,开启更为深远的征程。现在,元宇宙让我们看到,除了由客观现实构成的物理世界,还有广袤的虚拟世界,又一个激动人心的探索时代正在来临。

作为跟踪科技领域发展多年的观察者,我们会不断看到这些新词如何从空中楼阁变成触手可及的创新应用,并在多个行业落地生根、开花结果。从这些观察中,我们会不断发现新名词、新概念,它们与产业紧密结合,助力产业发展,也是产业获得生命力的源泉。

元宇宙是颠覆式创新的集大成者,即将在各行各业遍地开花,扎扎实实地展现它的魅力。在今时今日,我们每个人都面临信息过载和更新速度太快的困扰,虽然对元宇宙这个概念我们了解一二,但是目前一方面对于元宇宙的解读鱼目混珠,另一方面关于元宇宙如何与产业结合,如何应用产业元宇宙,有哪些值得把握的机遇,以及我们每个人如何从中受益,关于这些问题都还没有系统化的解读。因此,我们需要一本深入浅出地介绍产业元宇宙这个新名词,并且清晰讲述产业元宇宙如何与各行各业相结合，如何让产业元宇宙创造价值的书籍。

通过此前写书的经历，我们发现"书"这个载体本身随着时代的发展也要发生演进。面向未来的书需要的是群体智慧的结晶，而且应该是"活"的。过去，一本书的出版意味着结束，但是现在，一本书的出版只是开始。科技在演进，产业元宇宙在演进，书里的内容也需要不断更新，因此我们需要构建一个数字化的载体，延续这本书的"生命"。本书的电子版仍在持续"生长"，感兴趣的读者可以在飞书上参与本书的更新与迭代。

元宇宙是下一代互联网

元宇宙，这个在科技圈迅速蹿红的词语，已经有30年的历史。元宇宙，英文是Metaverse，最早由美国一位科幻作家尼尔·斯蒂芬森，在他的小说《雪崩》中提出。这本小说出版于1992年，与斯蒂芬森的其他小说一样，它涵盖了历史、语言学、人类学、考古学、宗教、计算机科学、政治、密码学、模因学和哲学。

在《雪崩》的最初中文译本（郭泽译，四川科学技术出版社，2009年版）中，Metaverse被翻译为"超元域"，书中这样写道："他在一个由计算机生成的世界里：计算机将这片天地描绘在他的目镜中，将声音送入他的耳机中，用行话讲，这个虚构的空间叫作'超元域'。"

《雪崩》一经出版便引起了巨大反响，并且在美国高科技界一直享有盛誉。《雪崩》在1993年获得英国科幻小说奖提名，1994年获得亚瑟·C·克拉克奖提名。而且斯蒂芬森凭借这本书，成为北美广受欢迎的未来学家，并在蓝色起源（Blue Origin）公司和增强现实公司Magic Leap担任未来学家，足见这本小说的影响力。我们可能很难想象在1992年这个时间点就能想象出"超元域"这样的世界，毕竟那个时候世界上第一个网页浏览器才诞生两年，《雪崩》构想的"超元域"对后来的计算机技术，特别是游戏领域产生了深远影响，比如，美国一家游戏公司据此构建的网络虚拟世界"第二人生"（Second Life），注册人数已经达到了几千万。

关于元宇宙有很多解读，最言简意赅的说法，元宇宙就是"下一代互联网"。之前我们经历了两代互联网，第一代是计算机互联网，第二代是移动互联网，如今互联网迈入第三代。在第三代互联网中包罗万象，物联网、区块链、人工智能、增强现实、虚拟现实……统统都涵盖其中，因此把它们统称为元宇宙最为合适，元宇宙就是最新科技的综合体。

在计算机互联网和移动互联网时代，虽然我们每个人都拥有数字身份，但是数字身份只是我们现实身份的辅助，离开数字身份，我们可以照常生活。但是在第三代互联网中，我们逐步进入了数字生存的新状态，人们的数字身份和现实身份同等重要，甚至数字身份呈现更加重要的状态。我们的行为数据，我们创造的各种数字价值，都会关联到数字身份上，离开了数字身份我们将会寸步难行。

举个例子，在新冠肺炎疫情期间，我们使用健康码出入各个场所，在某种程度上健康码就是由我们的行程轨迹形成的数字身份认证，失去"绿码"可以说是步履维艰。通过健康码，我们可以快速建立信任，确认对方没有去过高风险区域。这是第三代互联网的另一个特征，在信息的基础上增加了价值维度。之前互不相识的两个人，可以通过数字身份快速建立信任和社交关系，实现低成本、远距离、实时性的互相协作。

看到这里，你可能会问，既然元宇宙在20世纪90年代就被提出，为什么直到最近，元宇宙才开始盛行呢？

元宇宙也曾经历寒冬

在诞生以来的30年中，人们从未停止对元宇宙的探索。在这个过程中，元宇宙经历过一次涅槃重生。正如Metaverse最初的中文翻译"超元域"逐渐淡出视野，"元宇宙"接力传承一样，Metaverse正在以新的姿态卷土重来。

国外对元宇宙的讨论较早，最早的相关讨论为1995年发表在《新科学人》期刊上的论文《如何构建元宇宙》。同时，在20世纪90年代初期，未来学家和企业联合创建了VRML，这是一种虚拟现实建模语言，承诺将3D图形和虚拟世界带入网络，预示着元宇宙的曙光。但是它却没有成功。

在20世纪90年代初期，科学家和工程师们预判虚拟现实（VR）将会提供可视化数据的新方法，成为与计算机交互的新界面。1993年年末，软件工程师马克·佩斯和安东尼·帕瑞斯创建了一个3D网络浏览器的雏形。随后VRML这个术语被提出，全称是虚拟现实建模语言。VRML试图通过互联网动态链接到虚拟的3D世界，创建人们想象中的元宇宙，人们可以在这个世界中自由地聊天、交易、学习和购物。

起初VRML仅支持3D静态对象，随着时间的推移，VRML逐渐支持头像化身、动画和多媒体对象，并且得到了微软、网景、硅谷图形公司等数十家企业的支持，一时之间风光无二。

VRML为什么没有被广泛应用？虽然VRML 2.0版本成为ISO国际标准，但是到了1997年人们对VRML的兴趣开始减弱，因为3D在线的世界并没有人们预测的那么实用。美国科技媒体分析认为，VRML未能达到预期是由于受到带宽、硬件的限制，并且缺乏应用程序生态。那时的计算机速度太慢，无法运行复杂的VRML，而且拨号带宽有限，网站的加载时间令人难以忍受。因此，主流浏览器从未集成对VRML的支持，用户必须依赖第三方插件或者客户端才能使用，加之虚拟现实头显既贵又不实用，没人愿意佩戴，更别提出现杀手级应用。随着VRML淡出人们视野，人们普遍对元宇宙有些失望，甚至有媒体预言元宇宙可能永远不会实现。

另一个早期元宇宙的失败案例，即2007年诞生的"第二人生"的经历也颇具代表性。最初它一度被视为互联网的未来，并在2007年达到了活跃用户数超过100万的高峰，但随后发展停滞，20%～30%的初次用户此后从未回来过，一度沦为被废弃的"遗迹"。"第二人生"的创始人罗斯代尔复盘了他在实践2C元宇宙中的六个教训：

- 人们没有必须留在虚拟世界的理由。

- 元宇宙中的创作者没有足够的经济回报,很少有创作者可以真正以此谋生。

- 技术挑战仍然是元宇宙普及的巨大障碍,元宇宙的学习成本很高、用户的交互界面复杂、VR头显携带并不方便、大型的多人在线平台对算力提出更高的要求。

- 虚拟世界对某些人群来说依然难以接受,需要一个漫长的观念转变的过程。

- 身份识别很难,规则制定也一样不好做,"第二人生"中出现了很多违反道德的现象。

- 元宇宙不一定要无处不在,实际上也不该如此。

罗斯代尔认为,虚拟世界存在的目的是给予人们启示,启发人们的创造精神,在必要的时候给人们一个精神家园,而不是要完全替代真实世界的一切。

产业元宇宙的序曲开启

人类对于元宇宙的探索,起始于Metaverse概念诞生之前。在这个历程中,有很多值得记住的年份和名字。

1926年,尼古拉·特斯拉构思了一个无线连接的世界。在他的设想中,地球将转化为巨大的大脑,而实现这一目标的设备将比电话更加简单,体积也足够小,可以轻松放入口袋。1945年,范内瓦尔·布什描述了Memex,这是一个基于微缩胶卷存储的"个人图书馆",可以存储各种书籍和文献,并且相互索引。20年后,"超文本"这个概念诞生。1964年,马歇尔·麦克卢汉提出将互联城市作为一个完整的信息系统。1966年,卡尔·斯坦布赫预言计算机将被融入几乎全部的工业机器与产品中。1992年,尼尔·斯蒂芬森在科幻小说《雪崩》中构建了一个新世界,叫作

前言

Metaverse。一个脱胎于现实世界，又与现实世界平行且始终在线的新世界在迭代中正慢慢显露出来。1999年，凯文·阿什顿创造了"物联网"一词，用来描述射频识别技术在供应链中的应用……

2021年，可能将被回忆为元宇宙走进现实的元年。2021年3月，沙盒游戏平台Roblox作为第一个将"Metaverse"概念写进招股说明书的公司，成功登陆纽交所，上市首日市值突破400亿美元，引爆了科技和资本圈，元宇宙才又重回大众视野。

Metaverse的前缀"meta"有超越的意思、元的意思，翻译成超元域和元宇宙都合理，但后者更能让所有人瞬间认识到这件事情是在创造平行世界，是宇宙尺度的事情，有可能包罗万象。

自从扎克伯格宣布Facebook正式更名为Meta，元宇宙的热度再次被推向一个新的沸点。随后微软、英伟达、波音等公司纷纷入手布局元宇宙，人们逐渐意识到元宇宙的内涵仍在不断演进。元宇宙不是单纯的虚拟世界，它与物理世界也不是相互割裂的，而是交汇融合。现实与虚拟的共存共荣是元宇宙的存在模式，它正在解决如何将人的各种身份、现实世界中的各种事物，与虚拟世界进行融合。元宇宙最终会达到虚实相生的状态。虚拟世界与现实世界一开始存在边界，但两者的边界会变得越来越模糊，最终变成一个硬币的两面，相互依存。

元宇宙的价值并不是让我们脱离现实，沉迷虚拟世界，元宇宙需要为实体经济服务，为制造业服务，为各种传统行业的数字化转型服务。因此，我们需要推进产业元宇宙，通过构建和真实世界完全打通的虚拟空间，为真实世界提供更好的数字化支持。未来我们将不再区分传统企业和创新企业，因为所有企业都会是数字化企业。

本书将采用5W2H分析法，解读产业元宇宙即将给我们带来的全面、深度的变革，以及变革过程中产生的疑问。

- Why→我们为什么需要产业元宇宙？（参见第1章）

- What→什么是产业元宇宙？产业元宇宙的两个重要属性：安全与零碳（参见

第2章、第6章、第7章）

- When→产业元宇宙何时到来？（参见第3章）

- How→产业元宇宙如何构建？关键技术有哪些？（参见第4章、第5章）

- Where→各行各业如何应用产业元宇宙？（参见第8章）

- How→如何通过产业元宇宙获利？（参见第9章）

- Who→谁在做产业元宇宙？（参见第10章）

彭昭等

2022年3月于北京

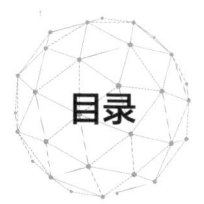

目录

| 第1章 | 为什么需要产业元宇宙　// 001

　　产业元宇宙到底解决什么问题？　// 003

　　产业应用为元宇宙带来新视角　// 006

　　疫情为数字化转型按下加速键　// 010

| 第2章 | 什么是产业元宇宙　// 015

　　消费与产业是元宇宙的一体两面　// 017

　　什么是产业元宇宙？　// 019

　　元宇宙如何从2C到2B？　// 022

　　产业元宇宙的组织变革　// 024

　　产业元宇宙的着眼点在于服务规模化　// 027

　　什么不是产业元宇宙？　// 031

| 第3章 | 产业元宇宙何时到来　// 033

　　产业元宇宙，未来已来　// 035

　　不存在产业元宇宙何时成真的分界线　// 035

　　产业元宇宙还会经历寒冬吗？　// 037

产业元宇宙将会如何演进？ // 041
产业元宇宙的接受程度如何？ // 043

|第4章| 产业元宇宙如何构建 // 047

产业元宇宙的7层架构 // 048
为什么参与建设产业元宇宙很重要？ // 051
如何构建产业元宇宙？ // 053
产业元宇宙的4大价值属性 // 055

|第5章| 产业元宇宙的关键技术 // 059

产业元宇宙的6大核心技术 // 060
终端硬件：虚拟现实的转接口 // 064
通信网络：虚实世界的传输门 // 069
计算能力：推进元宇宙的原动力 // 073
数字孪生：实体到数字模型的复印机 // 075
平台、工具和标准：消灭小宇宙 // 078
数字支付：闭环经济系统之门 // 081
产业元宇宙的企业版图 // 083

|第6章| 产业元宇宙的安全可信至关重要 // 087

元宇宙安全本质是数字安全 // 089
产业元宇宙的风险加剧 // 090
安全问题是元宇宙第一隐忧 // 092
从物联网安全到可信元宇宙 // 095
可信元宇宙的体系结构 // 097

可信元宇宙作为切入点的领域　//　100

可信元宇宙的技术壁垒很高　//　101

可信元宇宙需要各方共同聚力　//　104

第7章　产业元宇宙的碳中和经济学　//　105

产业元宇宙自身的碳中和　//　107

元宇宙是碳中和的必经之路　//　109

投资碳中和意味着不赚钱？　//　111

产业元宇宙助力碳中和的底层逻辑　//　112

减少碳排放的环节　//　116

产业元宇宙助力碳中和的着力点　//　118

碳金矩阵：实现碳中和的方法论　//　123

第8章　产业元宇宙是各行各业的终极愿景　//　127

各行各业+元宇宙　//　128

家居+元宇宙　//　129

工业+元宇宙　//　130

园区+元宇宙　//　132

交通+元宇宙　//　134

农业+元宇宙　//　136

第9章　如何通过产业元宇宙获利　//　141

产业元宇宙的创新商业模式　//　143

产业元宇宙的商业模式演进　//　145

如何构建产业元宇宙护城河　//　149

XXI

产业元宇宙的原生和衍生经济 // 153

游戏化是产业元宇宙经济的催化剂 // 155

"市值"最高的公司将来自产业元宇宙 // 158

如何投资产业元宇宙 // 161

在产业元宇宙中获利的案例 // 162

元宇宙中获利的终极密码 // 164

第10章 谁在做产业元宇宙 // 167

企业布局产业元宇宙的方式 // 169

基于产业元宇宙价值曲线的价值定位布局 // 171

基于竞争力获取方式的经营模式布局 // 177

元宇宙建设的参与者类型 // 180

产业元宇宙参与者的典型案例 // 182

元宇宙参与者的未来 // 202

结语 // 205

致谢 // 207

参考文献 // 209

第 1 章
为什么需要产业元宇宙

- 产业元宇宙到底解决什么问题？
- 产业应用为元宇宙带来新视角
- 疫情为数字化转型按下加速键

| 产业元宇宙

我们在元宇宙"出道"了！不是通过玩游戏的方式，而是通过铸造NFT（Non-Fungible Token，非同质化代币）的方式。彭昭在【物女心经】专栏成立以来发布的第一篇文章《物联网"泡"区块链，先攻"黄赌毒"再从良当大房》，铸成了她的第一枚NFT。请忽略标题，其实内容无比正经，这枚NFT已经永久写入了虚拟世界的数字记忆中。

没错，接触元宇宙之后，我的想法产生了转变，现实世界和虚拟世界在我的脑海中越来越模糊，过去的边界消失了。如果可以每天路过湘北高中篮球队的训练场，或者与名侦探柯南做邻居，何必在乎元宇宙的生活是在现实还是虚拟之中呢？

在探索元宇宙的过程中，我有了很多新奇的发现，不仅仅是铸造NFT，而且我们每个人、每个公司都可以使用简单的装备打造属于自己的数字孪生。比如，使用Leica推出基于激光雷达的无人机BLK2FLY（见图1.1），每秒钟可达36万个"激光扫描点位"，可以产生完整的3D数字孪生。通过设计最佳飞行路径，数字孪生的清晰度和细节超过普通人亲眼所见。

图1.1　Leica推出基于激光雷达的无人机BLK2FLY

这些新发现让我意识到，虽然我们的想法有时会发生跳变，但当我们思考未来时，我们却总是在脑海中想象着，如果继续像我们现在看到的那样运动，未来会到哪里。我们没有意识到，世界并不是呈线性运动的。理解产业元宇宙并不是理解它现在是什么，而是理解它应该是什么。让我们回到原点来分析产业元宇宙解决的原始痛点和挑战。

产业元宇宙到底解决什么问题？

首先，互联网的发展遇到了天花板。

这是一个很明显的痛点。数据显示，截至2021年6月，我国网民规模达到10.11亿人，互联网普及率达到71.6%，然而中国移动互联网人数增长和人均上网的时长增长都在逐渐停滞。互联网企业迫切需要一个新的叙事逻辑，突破增长的极限。用户在线时长的增长动力来自两个方面：一是VR等新设备创造更具沉浸感的线上体验，带来新的增量时长；二是更深度地挖掘时间分配，把人们传统意义上仍然花费在线下的时长转化到线上。

在互联网诞生之后，其实一直都存在一个和我们现实世界平行的数字世界，一个2D形态的元宇宙。"屁股决定脑袋"，只不过这个2D元宇宙，我们的"屁股"紧紧坐在现实世界，数字世界是物理世界的附属品。之前我们没有思考过，如果数字世界与物理世界平起平坐，甚至超越物理世界，情景将会怎样。

在我们逐渐把"屁股"从现实世界挪到虚拟世界的过程中，大致可以分成两个阶段：虚拟拟物阶段和虚拟原生阶段。在虚拟拟物阶段，虚拟世界的事物大多是对现实世界的照搬，比如电子邮件模仿书信，网上购物模仿集市交易，网络社交模仿聊天。在虚拟原生阶段，虚拟世界的事物突破了现实世界的束缚，会诞生一些只有在虚拟世界才有的东西，比如头像、数字身份、开源、众筹，当这些想象力被开启，会诞生无穷无尽的以前根本不可能存在的事物。

参照中国万向控股副董事长兼执行董事肖风博士的观点，互联网给我们带来了一个平面的、二维的虚拟世界，而元宇宙将会给我们带来一个三维的、立体的虚拟世界，其中的时间和空间都可以被重组。新技术带来了虚拟人物、数字化身等数字化、虚拟化的人类。现在全球有70多亿人口，而这些虚拟的偶像和数字化身的数量可能达到700亿。人类一直在寻找新的商业场景、新的消费需求，元宇宙会帮助我们把商业场景从物理空间拓展到虚拟空间。

其次，工业领域的发展同样需要突破瓶颈。

回看人类历史上的每一次技术跨越，生产力变革永远不会缺席。机械时代，蒸汽机被发明，解放了人力，生产力实现飞跃；电气时代，工业品成为标准化的大众消费品，创新的成本大幅降低；信息时代，全球化的产业分工体系形成，产业链的协助成本极大节约。

智能时代，物质极大丰富。2021年9月，全国机动车保有量达到3.90亿辆，全国机动车驾驶人为4.76亿。2021年我国人均汽车保有量已经超过了我国在1980年的人均自行车拥有量。机器的生产效率不再制约生产力的提升，人的知识、经验、创新力和服务能力成为瓶颈。工业系统越是复杂，人的学习曲线就越缓慢，而当人的学习曲线落后于技术的进步时，人就会成为制约技术进步和应用的瓶颈。

眼见着技术即将打败人的经验，机器的知识终将超越人的知识，元宇宙作为一个宏大愿景，可解决知识的产生、利用和规模化复制的瓶颈，实现工业企业价值创造的新突破。在虚拟的数字空间，各种技术不断积累动态数据，重构生产过程。数字孪生在物理世界与数字环境之间建构起关系，对生产过程进行回溯和预测。元宇宙的实现重点在于仿真和自主控制。通过参数的调整、计划的变更，难以在物理世界实验的选项可以在元宇宙进行。

最后，我们不得不等待一场金融革命（约翰·希克斯）。

约翰·希克斯是英国著名的经济学家、诺贝尔经济学奖获得者。第一次金融浪潮形成企业债券市场。瓦特虽然改良了蒸汽机，但是普及并没那么容易。英国依靠中央银行和商业银行体系最早推出了企业债券，为蒸汽机的发展提供了大规模、可持续、低成本的资金。第二次金融浪潮形成了证券交易所。爱迪生发明电灯，福特创造了T型车，洛克菲勒创办标准石油公司，背后都离不开纽约证券交易所，用股权融资代替债券融资，投资银行完成了对实业的布局。第三次金融浪潮使风险投资模式兴起。风险投资体系在支撑技术创新和产业升级方面起到了突出的作用，助推了信息时代的崛起。

随着金融与实体产业的关系越来越难以分开，无数个普通人的经济金融活动推动了新一轮金融浪潮的涌动。比如用户创作的UGC（User Generated Content，用户原创内容）为互联网提供了价值；用户愿意用自家的服务器为邻居提供存储空间，也对互联网提供了价值。用户做了贡献，创造了价值，收益应该属于用户。用户有什么办法来确认这个收益呢？这时就离不开区块链了。通过过去十多年的实践，区块链已经为元宇宙建立了一个非常完整的、运行良好的、去中心化的金融市场体系，元宇宙正是建立在这样一个金融市场体系上的。

如今开源也已经渗透到金融服务领域，金融正在经历从大型主机式金融机构，到金融即服务，再到开源原生金融的转变。开源运动将催生更多的金融服务企业，同时也将推动现有企业更快地创新，特别是将影响开发者在金融服务中构建软件的方式。在开源浪潮的助推下，元宇宙所倡导的金融市场是数字金融市场，而不是传统的金融市场。元宇宙将会产生新的货币市场、资本市场和商品市场，从而掀起更加波澜壮阔的技术变革。

在以上三种变革力量的综合作用之下，产业元宇宙呼之欲出。无论是技术迭代、产业变革还是金融演进，元宇宙提供了一个终极愿景，其中包含一套整体性的科技、市场和金融解决方案（见图1.2）。

随着元宇宙的演进可能还会带来意想不到的效果。《寻梦环游记》的经典对话："死亡不是生命的终点，遗忘才是。"再伟大的灵魂只能随着肉体的消亡而灰飞烟灭。但是元宇宙为我们创造了一个始终在线的数字分身，或许可以载着我们从肉体凡胎的此岸到达超脱轮回的彼岸。

产业元宇宙

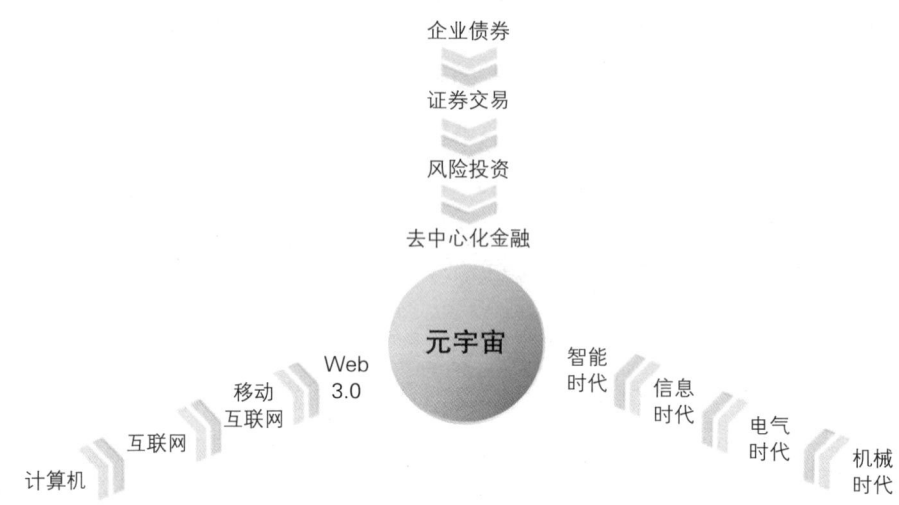

图1.2　元宇宙是技术迭代、产业变革和金融演进的综合作用结果

产业应用为元宇宙带来新视角

虽然最近元宇宙（Metaverse）被热炒，但一个同词根的术语也值得被关注，即Metamodel（元模型）。这个词汇在产业人中相对熟知。Metamodel已经存在数十年，并不是新东西，从字面上理解，它是指模型的模型，由Metamodel可以构建一个整合管理的系统。

什么意思呢？在产业中，我们经常会强调数据的重要性，但现实情况往往是给了你数据，你依然不知道如何去操作和改进。比如一个人炒股，天天盯着股价看，仍旧不会投资。专业的投资人不只是看股价波动，还要了解企业的基本情况，比如发生了什么新闻，有没有并购事件，推出了什么新产品。这些还不够，投资人还会看行业趋势，整体的发展方向，这个公司的上下游产业链等很多信息。还有些投资人会参与企业管理，为企业发展提供帮助，让企业变得更好。所以炒股不能只盯着数据看，还要了解股票背后的企业，并为企业的发展助力。这就是从数据（Data）

到模型（Model），再到元模型（Metamodel）的思维逻辑。

说回与Metamodel同词根的Metaverse元宇宙，如果元宇宙在各行各业落地应用，需要满足多种条件才能成为产业元宇宙（见图1.3）。

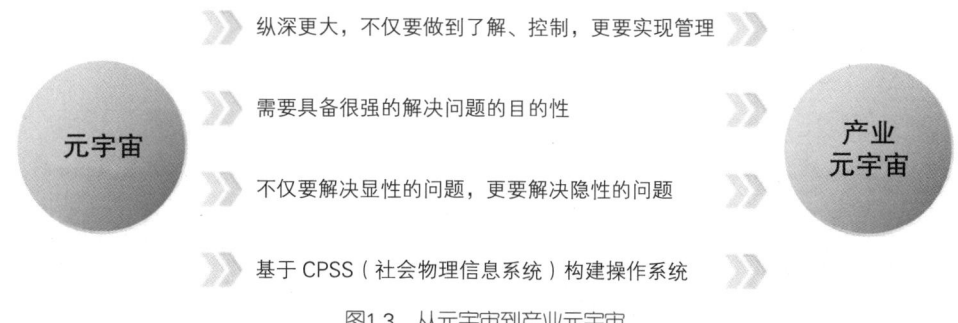

图1.3 从元宇宙到产业元宇宙

第一是产业元宇宙的纵深更大，不仅要做到了解、控制，更要实现管理。

怎么区分控制和管理？比如一台风机，我们调整它的状态，使它实现最大风能捕获，这是控制。如果我们做到它的健康衰退评估，将这些知识与风机的结构设计、控制逻辑相关联，使它能够在不同健康模式下都能保持最佳的状态，这是管理。

第二是消费元宇宙不一定有目的，但是产业元宇宙需要很强的目的性。

互联网、大数据、人工智能……应用这些技术不是目的，工业领域往往有很强的目的性。目的并不是解决可见的技术问题，目的是在不可见空间内发现问题、解决问题和获取价值。

明确目的可以更好地做决策。工业领域的目的性很强，每个目的背后都有痛点问题。数据不能标准化是痛点，质量需要提升是痛点，数据量太大是痛点，资源浪费是痛点……从每个痛点向前溯源，人、机、料、法、环，直到分析出痛点的来源，再分析哪些是可以数字化的，哪些是不可以数字化的，从而形成数字化转型的目的。这是一个系统性的工程，从痛点（Pain）到目的（Purpose）。

| 产业元宇宙

第三是产业元宇宙的价值在于，不仅要解决显性的问题，更要解决隐性的问题。

为了解决"可见"的问题，很多企业开展了工业互联网项目，引进传感器、边缘计算设备，强调要探索数字孪生，这些都是惯常的做法，但是却往往忽略了一些根本性的问题。

因此工程师们提出CPS（Cyber-Physical System）和数字孪生，来解决这些问题。从字面翻译，CPS是网络实体系统或虚实整合系统，也称赛博系统。那么，有哪些问题和挑战是以往解决不了的？是那些工业系统中还没有被充分认知的"不可见"问题，比如，制造过程中的设备异常信息，包括抖动、干扰、失真、老化及人为操作不规范导致的误差累积等情况。如果CPS、数字孪生仅仅被用来解决可见的问题，很容易被误解和误用，就无法体现出国家提出的"降本增效"这一理念。

怎么被误用的？就像照镜子。镜子可以反映出来这个人美不美，衣服有没有穿对。企业也用数字孪生来照镜子，反映设备的运行情况，仅仅能满足可见范围内的信息。但实际上数字孪生并不仅仅是镜子，它的能力在于建造了数字孪生体，能够像中医医生一样发现不可见的问题，与他们的"望、闻、问、切"很相似，CPS需要依赖于大数据经过专家系统所训练出的一种"诊断"机制，这和人工智能领域中的机器学习、深度学习有着千丝万缕的联系。合理利用CPS可以有助于工业领域的相关企业实现真正的数字化转型，诸如，工厂的任务排产、货物的堆放、AGV小车的路径规划、对资产生命周期管理等方面进行的优化决策。

CPS中最主要的两个部件，分别为"物理建模"+"数据汇聚"，这也符合如今元宇宙的基本要素。工业领域的工艺设计人员通过CAD（计算机辅助设计）软件、CAM（计算机辅助制造）系统生成3D模型，同时还有很多软件支持虚拟装配，可以在软件中实现零部件结构上的动画仿真，如Solidworks或Autodesk Inventor。机器人可以直接获取由CAM生成的NC文件，进行动作执行，也可以将NC文件发送给数控机床进行生产制造。当有了这些模型和工艺执行程序之后，我们可以将其导入一些虚拟投产（虚拟调试）的软件中，如用西门子的NX系统进行设备间的仿真。与设备间的通信，如今也非常便利，随着德国工业互联网和工业4.0的大力推广，诸如OPCUA这类标准化工业接口，可以在很多虚拟调试软件中集成，从高效普及的

FactoryIO软件到西门子全系列软件都做到了完美兼容。实际的操作人员只需要链接OPCUA的订阅地址，勾选所需的数据节点就可以轻松获取数据，并可以与数据进行读写交互，这样一来就实现了模型与设备数据的完美对接。这里，一个基本型的赛博系统雏形已经实现。

第四是产业元宇宙需要基于CPSS（社会物理信息系统）构建操作系统。

其实操作系统并不是科技领域的独创，人类自古以来就建立了自己的操作系统，并且随着技术的进步，操作系统的含义也在不断演进。什么是人类的操作系统？法律、规则、宗教，这些操作系统中的指令通过人与人之间组成的社会关系，层层分发，层层下达。什么是PC和移动互联网时代的操作系统？ Windows、Linux、安卓、iOS，这些操作系统调度的是PC或者手机中的计算和存储资源。

那么，产业元宇宙的操作系统如何构建？这个操作系统需要调度空间、物体、多种数字身份，并且融入经济规则、市场和交易。比如在工业场景中，产业元宇宙的操作系统需要调度的是人、机、料、法、环，连接虚拟世界和物理世界，并构成经济闭环，因此它很可能将融合人类操作系统与PC时代操作系统的两种形态。

构建产业元宇宙的操作系统，前提是理解CPS。只有看懂CPS才能真正撬动产业元宇宙的万亿级市场。CPS通过构筑信息空间与物理空间数据交互的闭环通道，能够实现数字世界与物理实体之间的交互联动。数字孪生为实现CPS提供了清晰的思路、方法及实施途径。

数字孪生的重点在于机理模型，CPS的重点在于数学模型，两个模型综合应用产生新的产品、新的模式和新的业态。CPS将整个物理世界的规则进行建模、预测、优化和管理，CPS不仅是"桥梁""总线"，或者"系统"，它的精髓在于对数字世界的营造。CPS更为本质的意义在于，它是智联网互联与改造整个物理世界的底层思维基础。如同互联网改变了人与人、人与数字世界之间的互动一样，以CPS为核心思维的智联网将改变人与物、物与物，乃至物理世界与数字世界的互动方式。

理解了CPS，我们就容易过渡到CPSS（Cyber-Physical-Social System），即社会物理信息系统。CPSS是在信息物理系统的基础上，进一步纳入社会信息、虚拟空间的人工系统信息,将研究范围扩展到社会网络的系统,它包含了将来无处不在的嵌入式环境感知、人员组织行为动力学分析、网络通信和网络控制等系统工程,使物理系统具有计算、通信、精确控制、远程协作和自治功能,注重人脑资源、计算资源与物理资源的紧密结合与协调。它通过智能化的人机交互方式实现人员组织和物理实体系统的有机结合,使得人员组织通过网络化空间以可靠的、实时的、安全的、协作的方式操控物理实体。

疫情为数字化转型按下加速键

人的适应能力是非凡的,图1.4的两个统计结果很具有代表性。自从新冠肺炎疫情暴发以来,人们快速适应了远程办公的模式,而且很多之前反对在家办公的企业也认可居家办公效率更高。普华永道在全球范围内的研究显示,83%的企业和70%的员工认为他们的远程工作是成功的,52%的企业反馈远程工作更能提高效率。结果表明,在新冠肺炎疫情结束之后远程工作可能会成为一种新习惯,在企业中被保留。毕竟既能节省办公室租金,又能提高效率,何乐而不为呢?另一份调研也显示了同样的趋势,根据爱立信的统计,目前中小型企业中40%的白领在远程办公,到2030年这个比例可能会提升到58%。

不仅办公方式发生变化,新冠肺炎疫情无疑对当前国内经济造成了更为深刻的影响。从零售餐饮、住宿旅游、交通运输、文化娱乐等行业营收大幅下滑,到制造业、房地产、施工建筑等因人流、物流受限而复工复产缓慢,再到在线教育、在线医疗、生鲜物流等科技公司的异军突起,新冠肺炎疫情对我国各个行业都带来了不同的挑战与机遇,而这些变化可能会长期影响行业未来发展趋势和竞争格局。

危中有机,每枚硬币都有两面。参照SARS的情况,2003年非典暴发,当年二季度经济增速比一季度放慢2个百分点。但同一年阿里巴巴的淘宝网上线,京东也开始试水线上销售，为未来电商行业的迅猛发展播下了种子。

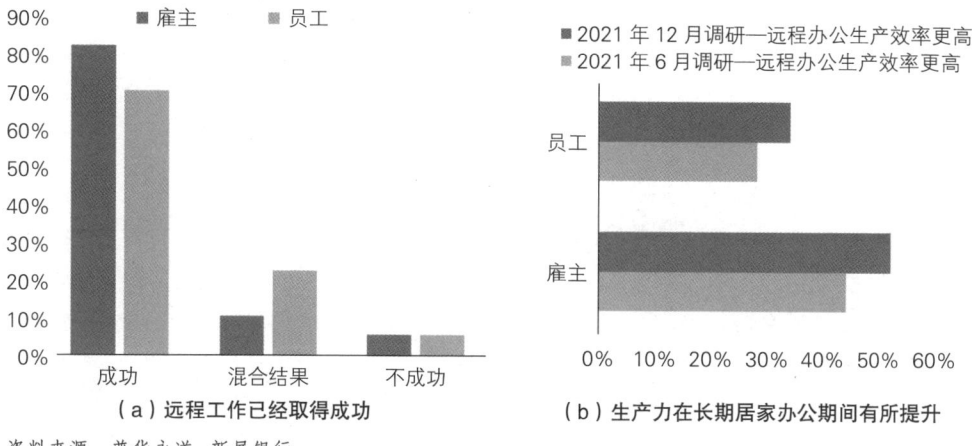

（a）远程工作已经取得成功　　（b）生产力在长期居家办公期间有所提升

资料来源：普华永道、新展银行

图1.4　普华永道在新冠肺炎疫情期间关于远程办公模式的调研结果

2019年以来，5G、云平台等新型基础设施的部署为产业元宇宙奠定了基础。从2020年年初开始席卷全球的新冠肺炎疫情，造成居家工作时间的延长、远程控制的需求增长，无疑加速了各行各业数字化、智能化转型的进程，把人类迈向全面数字化的进程推动了一大步。在物联网、边缘计算、云计算、5G、人工智能等智能科技的推动下，从居家办公、远程学习、在线游戏再到智能制造和智慧零售、智慧城市、智慧交通，各种新技术、新业态蓬勃发展，不仅在新冠肺炎疫情中彰显出化危为机、逆势增长的创新力量，而且带动了传统行业数字化和智能化的变革。

科技企业获得了明显的发展机遇，尤其在新冠肺炎疫情防治中，科技的巨大作用愈发彰显。例如，由于疫情减少了线下交流的机会，以通信服务、在线服务、云服务、人工智能、智慧服务平台为代表的科技行业在这一轮疫情中得到了快速的发展。如图1.5所示，根据德勤研究，因疫情造成的社交隔离激发了虚拟会议、AR（Augmented Reality，增强现实）测温、云端展览等需求的爆发。据估计，Meta已经售出了大约800万台Oculus Quest 2，几十款虚拟现实游戏的销售额也超过了100万美元。与手机和游戏机的销量相比，这些数字微不足道，但与10年前几乎不存在的虚拟现实市场相比，这个数字是非常巨大的。

产业元宇宙

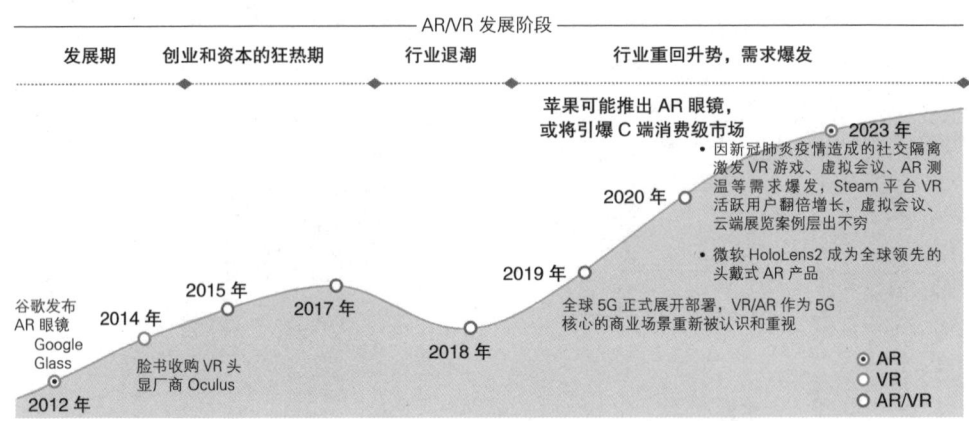

资料来源：德勤研究与分析

图1.5 因新冠肺炎疫情造成的社交隔离激发虚拟会议、AR测温、云端展览等需求爆发情况

面对新冠肺炎疫情的影响，传统产业也在加速转型升级，打造新的业态模式。预期将会有更多的制造企业着手数字化转型，打造智能制造工厂，以提高企业生产的质量和效率。这些企业试图聘用更多的高科技人才及高技能、多技能复合型工人，减少对人工的依赖，更好地应对劳动力的波动。同时，零部件标准化、物流智能化、加强供应链抗风险能力也将受到越来越多的重视。

根据官方报道，2020年一季度中国汽车制造业因为延迟复工等因素造成产能利用率为56%，同比下降21.4%。但同时，我们也看到一些在新冠肺炎疫情之前已经开始布局智慧供应链的企业，在此次疫情中，则表现得很从容。根据国际数据公司IDC的数据，截至2020年年底，三分之一的制造业供应链通过基于数据分析的认知能力，将成本效率提高10%，服务绩效提高5%。

2021年，企业中以虚拟方式访问客户和同事的程度达到了极致，这也导致人机接口的加速发展。一夜之间，新的工具和新的工作方式变得司空见惯。数字化渠道成为主要的互动来源，释放出新的市场潜力，并为重建同理心、归属感和人际关系带来全新挑战。持续进步的软件和技术解决方案也在不断检验和支持各种工作关系和协作方式。

新冠肺炎疫情期间的经历还进一步强化了这个世界的万物互联程度，加深了人类对自身和世界的影响。可以预期，在今后的12到18个月里，各企业将越来越关注企业的革新、发展及未来定位。企业高管们将通过支持试点项目，鼓励业务模式创新，而新兴技术将帮助企业提高效率和市场竞争优势。主动与新公司合作已成为一个引人注目的新趋势。同样，根据IDC发布的数据，2022年在不断高涨的客户预期推动下，将有25%的制造企业参与跨行业合作，从而将收入提升10%。

同时，数字化技术的深层次应用可以帮助提高员工的协作效率，抓住促进业务增长的关键要素，更高效地应对市场需求的波动，实现产品的创新；而基于工业互联网的远程智能服务，通过AR、AI等技术进行远程指导，对设备的运行状态监控进行故障预警。根据来自埃森哲的分析和专家访谈（见图1.6），虽然典型行业存在信息化、智能化、网络化和自动化的成熟度差异，但从整体而言，各行各业对商业智能BI、大数据分析和人工智能AI等技术的实际应用极为重视，并对数据分析师提出迫切的需求。随着新技术、新产业的兴起，将大大提升企业乃至整个社会的运营效率，我国产业技术变革的脚步将更加快捷。

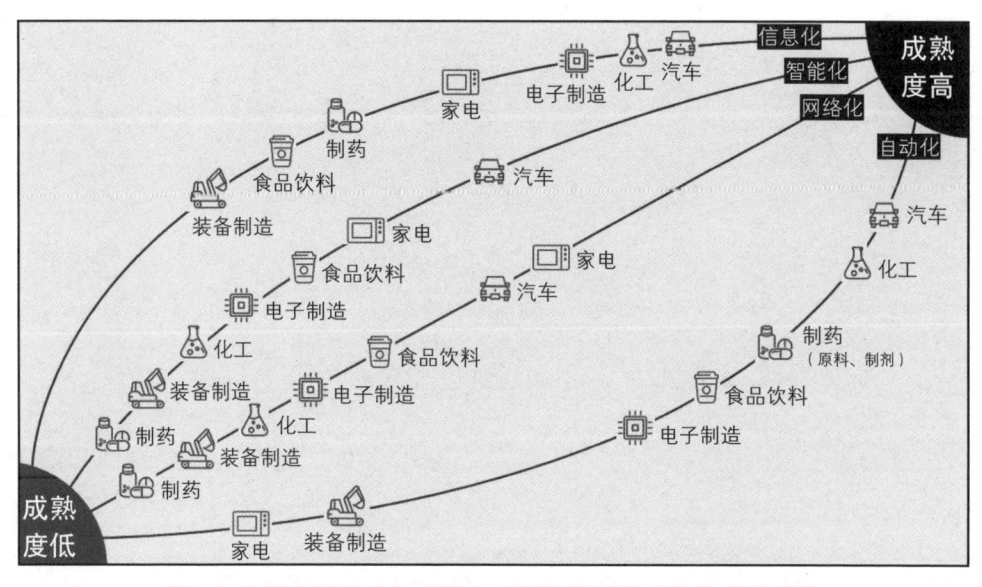

图1.6 典型行业在信息化、智能化、网络化和自动化方面的成熟度差异

新冠肺炎疫情缩减了人们的线下活动空间，线上活动迎来增长，对虚拟世界的时间精力投入增加，也使人们对虚拟世界的价值认同不断增强，从文化层面为元宇

| 产业元宇宙

宙的到来做好了铺垫。在产业端,很多企业重新评估对物理资产、基础架构和人才的需求,并打开通向极致数字化、扩展价值链和新合作关系方法的大门。企业开始意识到提升供应链的抗风险能力是当务之急,对运用各种数字化技术的热情高于以往,为产业元宇宙的未来发展埋下伏笔。

第 2 章
什么是产业元宇宙

消费与产业是元宇宙的一体两面

什么是产业元宇宙？

产业元宇宙的组织变革

什么不是产业元宇宙？

元宇宙如何从2C到2B？

产业元宇宙的着眼点在于服务规模化

无论你喜欢或讨厌，元宇宙的爆火都是不争的事实。物联网IoT领域一位企业家对元宇宙的评价很具有代表性。他说："元宇宙这个概念，开始我挺排斥的，但是经过认真学习，我现在挺喜欢这个概念。至于我们公司是不是也会加入元宇宙业务呢？谁也不知道。"在对元宇宙的热烈讨论中，越来越多的物联网人放弃了观望，开始主动学习和挖掘元宇宙的潜力。

元宇宙让我们达到虚中有实、实中有虚、虚实相生的状态，让我们每个人同时具备两个身份，即现实身份和数字身份，活跃在物理世界和虚拟世界。我们可以按照人的不同身份在现实和虚拟的介入深度不同，把元宇宙分为四个象限：

- 数字原生：人以数字身份参与，并在虚拟世界构建事物，这些事物以纯粹虚构的形式出现，与现实世界没有对应关系；

- 现实复现：人以数字身份参与，在虚拟世界中复刻现实中的事物，这些事物有可能当前存在或者过去存在；

- 数字孪生：人以现实身份参与，通过在虚拟世界中对现实事物的映射，从而反映相对应的实体装备的全生命周期过程；

- 超越现实：人以现实身份参与，通过虚拟世界中对现实世界的计算与分析，提升、改进和丰富现实世界。

在这里需要强调一个区分，消费元宇宙与产业元宇宙有所不同（见图2.1）。

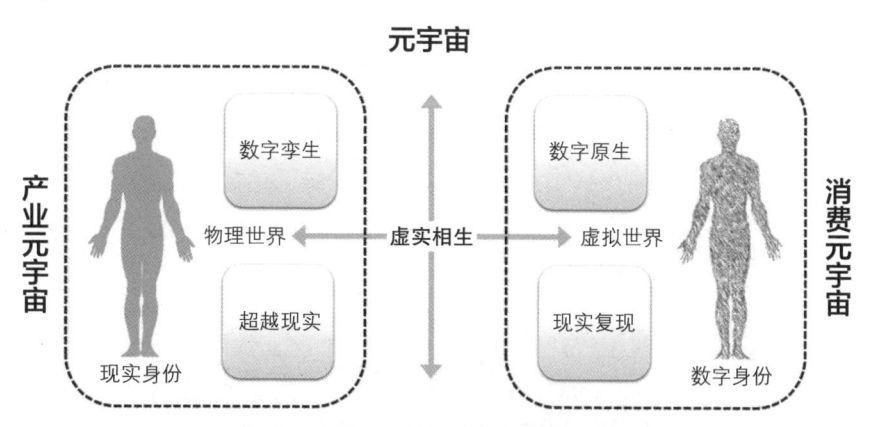

图2.1 产业元宇宙和消费元宇宙的不同比较

消费与产业是元宇宙的一体两面

还记得第1章中提到的新发现吗？使用莱卡的激光雷达无人机BLK2FLY就可以创造出相当逼真的3D数字孪生。如果我们觉得操控无人机太烦琐，只用手机当然也是可以的。2020年Matterport公司推出了一款手机应用（见图2.2），把智能手机变成了3D捕捉和建模设备。我们只需要利用手机作为中心转轴，并依循指示角度拍摄2D画面，就可以构建3D立体模型。使用这款App，我们还可以测量距离、自建标签、备注详细介绍或细节。这款应用程序非常适合创建房间或者建筑物的内景，让我们的朋友们可以体验到远在天边近在咫尺的共处一室3D之旅。

Matterport公司的下一步计划是整合暖通空调、电力、交通、天气等实时数据到数字孪生中，创造更为鲜活的3D空间。在建筑领域，PTC公司的工业AR应用也在朝着同样的目标前进着。

提到Unity很多人并不陌生，它可提供跨平台的2D和3D游戏引擎，其知名的游戏包括《王者荣耀》《炉石传说》《神庙逃亡》等。不过却很少有人知道香港国际机场是用Unity设计的，作为一个游戏引擎，Unity不仅可以渲染一个尚未成真的环境，还

| 产业元宇宙

可以对火灾、洪水、停电、跑道堵塞以及紧急情况下的人流进行真实的压力测试。在2022年年初,韩国汽车制造企业现代汽车也宣布与Unity签署合作备忘录,双方将共同构建元宇宙数字虚拟工厂,并构建全新元宇宙发展路线图和平台。利用生产创新,现代汽车希望未来可以转型成为一家智能汽车解决方案提供商。双方将共同设计元宇宙工厂Meta-Factory,如果一切顺利,现代汽车将成为全球第一家将元宇宙工厂概念引入汽车制造行业的车企。

图2.2 Matterport公司推出的手机应用

这些事实让我们意识到,消费与产业是元宇宙的一体两面,两者愈发密不可分。从消费领域看,元宇宙是下一代的互联网;从产业领域看,元宇宙是下一代的产业变革。

不过这里要澄清消费元宇宙与产业元宇宙在价值主张方面的差别。2021年10月,Facebook首席执行官马克·扎克伯格宣布Facebook将正式更名为Meta,大举下注元宇宙。扎克伯格所提出的元宇宙是消费元宇宙,是让人们完全沉浸于虚拟空间中,但虚拟空间本身也有一个特点,就是能够以极小的成本和极快的速度,无底线、无限制地满足人类的欲望。无论男女、无论老少,均可在虚拟空间里享受到物理空间无法实现的快感。所以说,扎克伯格定义的消费元宇宙,是让人们沉浸在虚拟世界。

而我们所倡导的产业元宇宙，是让虚拟世界帮助我们，让我们更好地生活在现实世界。线上与线下并存、虚拟与现实融合是元宇宙的存在模式。虽然虚拟与现实起初存在明确的边界，但随着元宇宙的发展，这个边界会愈发模糊，最终变成相互依存的一体两面。

元宇宙的定义仍在不断演变的过程中，从元宇宙第一股Roblox，到扎克伯格的Meta，到英伟达的Omniverse，再到微软、高通纷纷提出自己对元宇宙的解读……元宇宙正在逐步从消费端进入产业端。产业元宇宙不是简单的虚拟现实（VR）、增强现实（AR），也不是2D或3D，甚至不一定是图形化的。产业元宇宙是一种不可阻挡的趋势，是一种对物理空间、位置距离和现实物体的不可阻挡的数字化和虚拟化。产业元宇宙创造了一个始终在线的、不断被刷新的实时世界，拥有无限量的人、物、事参与其中，人们不仅可以自由生活，还可以自由创造。产业元宇宙，就像实现人工智能一样，是一个终极愿景。

什么是产业元宇宙？

通过前文的分析，可以看到产业元宇宙侧重于图2.1坐标轴的左侧，通过虚拟世界改造和提升人们在现实世界的体验和生活。自从开始写作这本新书，很多企业正在布局产业元宇宙，其案例将在本书的第10章进行介绍。虽然消费元宇宙的宣传满天飞，但并不是所有贴了元宇宙标签的应用都有意义。从这些企业的做法中可以看出他们的思考，产业元宇宙既需要有很强的目的性，能够为行业创造价值，又需要能够借助网络效应和虚拟世界的指数级增长，创造新的经济模式。

在这里，我们可以给产业元宇宙做个定义：

产业元宇宙（Industrial Metaverse）是以物联网、人工智能、数字孪生为代表的新型信息通信技术与实体经济深度融合的新生态，是促进实体产业的高效发展，构建覆盖全产业链、全价值链的全新制造和服务体系。

元宇宙的特征，也是产业元宇宙的必备特征：

- 第一，持久性：产业元宇宙是持久的，永远不会重启、暂停或者结束，它只会无限地运转下去，永不停止。

- 第二，实时性：产业元宇宙是随时同步、保持实时的，它让每个人都可以实时参与体验。

- 第三，经济体：产业元宇宙是一个充分运作的经济体，个人和企业都能够创造、拥有和投资数字资产，在产业元宇宙中工作或者投资，人们会获得预期的收入和价值。

- 第四，互联互通性：产业元宇宙具备前所未有的互联互通特性，包括信息互通、数据互通和价值互通。产业元宇宙中不存在烟囱式割裂的信息系统，不存在数据孤岛，孤立的系统就像封闭的国家一样，逐步落后和丧失地位，最终无法在产业元宇宙中存在。

- 第五，共创共建：产业元宇宙的内容和应用程序是由参与者共同创建的，并且参与者分享最终收益。

- 第六，目的性：产业元宇宙以促进实体产业的高效发展为目的，致力于构建覆盖全产业链、全价值链的全新制造和服务体系。

当然，产业元宇宙提出的美好愿景需要通过整合创新的方式，融入应用和场景中去。在第1章中，我们谈到在新一轮的产业变革中，机器的生产效率不再是制约生产力提升的阻碍，而人的知识、经验、创新力和服务能力会成为瓶颈。产业元宇宙可以作为一个宏大愿景，解决知识和服务的产生、利用和规模化复制的瓶颈，实现工业企业价值创造的新突破。

产业元宇宙的基础是CPS信息物理系统。在虚拟的数字空间，各种技术不断积累动态数据，重构生产过程。数字孪生在物理世界与数字环境之间建构起关系，对生产过程进行回溯和预测。产业元宇宙的实现重点在于仿真和自主控制。通过参数的调整、计划的变更，难以在物理世界实验的选项，则可在产业元宇宙中进行。CPS已经取得了广泛的应用，很多产品都跨越实体和虚拟两个世界，比如智能手机是实体，上面安装的App是虚体，机床、飞机、汽车……都正在将实体与虚拟的价值相结合。

如果对产业元宇宙进一步解构，其中的实体空间是构成真实世界的各类要素和活动个体，包括环境、设备、系统、集群、社区和人员活动等。虚拟空间将这些要素和个体同步和建模，以实时数据驱动的镜像空间，动态反映实体状态，通过个体空间、群体空间、环境空间、活动空间与推演空间的建立，模拟各种关系，根据记录、评估、推演与预测，形成决策，构成完整的知识应用与知识发现体系。

1. 个体空间

在实体空间获取对象机理数据，根据机理关联对象，通过使用数据建立定量化的分析模型，以较小的成本解决多样性和个体差异性的问题。

2. 群体空间

在实体空间获取集群运行数据，从大量对象在不同环境下使用的数据中挖掘普适性规律，在原有控制、信息、管理等传统系统的基础上，实现预测性和协同性的决策机制。

3. 环境空间

在实体空间获取内外环境数据，根据不同环境下的使用数据，建立环境与个体/群体效能之间的量化关系，解决任务多样性和环境复杂性。

4. 活动空间

在实体空间获取任务活动数据，针对对象在环境中的活动状态，提取群体对象中的活动特征并进行关联，面向多层级、多维度的任务目标，实现个体/群体在环境中活动的协同优化。

5. 推演空间

结合个体空间、群体空间、环境空间与活动空间之间的关系模型，面向多模型空间协作目标，根据内外部需求，以对不同决策造成结果的预测与评估为基础，形成多模型协同知识推演规则，实现有效的认知与决策执行。

虚拟空间的成长需要依靠实体空间活动所产生的大量数据，在CPS的自成长体系下，虚拟空间的价值和能力将不断得到提升。因此，现实世界和虚拟世界是相互指导和映射的关系。

产业元宇宙应用的主战场在2B领域，它正在描绘一幅宏伟的蓝图（见图2.3），以CPS为基础，串联IoT、VR、AR、云计算、大数据、AI、5G、区块链等技术，通过对我们所需要认知和作用的交互对象，进行全结构、全流程、全生命周期的虚拟重构，实现现实世界与虚拟世界的互动、优化。今天我们远没有看到产业元宇宙蓝图的全貌，但是未来已来。

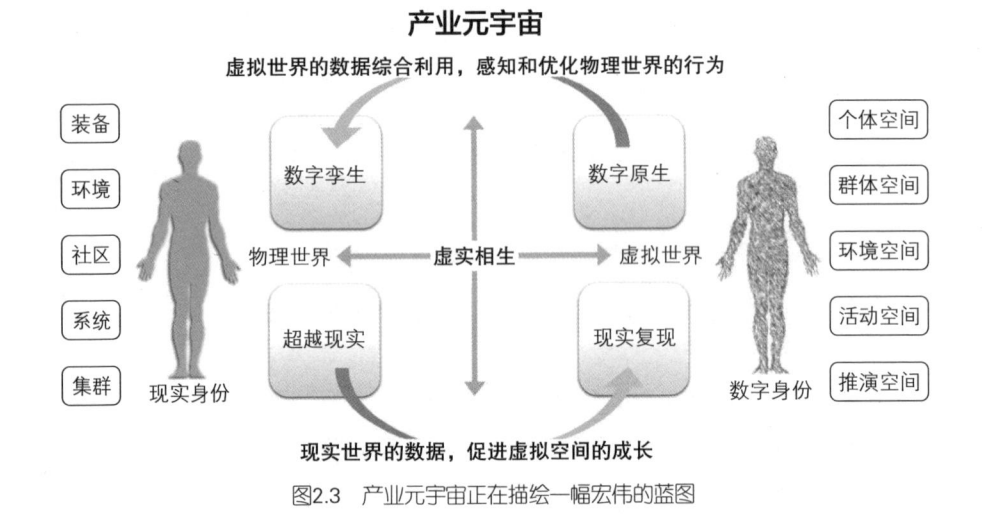

图2.3 产业元宇宙正在描绘一幅宏伟的蓝图

元宇宙如何从2C到2B？

看到这里，相信你我已有共识，产业元宇宙的基础就是CPS信息物理系统，不是新概念，只不过那时还不叫元宇宙。因此产业领域的元宇宙其实已经诞生很久，并且一直在演进。当下，元宇宙应用的主战场，正在逐渐从2C转移到2B。元宇宙的发展对于软件开发、远程工作、工业设计、制造流程、智慧城市等场景，更容易产生变革性的影响。

表2.1从七个维度对比了2B与2C的差异。有些隐性的区别可能让我们意想不到，比如2B和2C需求的不同点之一是2B端用户可以说出自己想要什么，而2C端用户说不出来，哪怕说出来，也可能不是真实需求——这是华为公司在复盘智能手机的研发过程时，做出的总结。在智能手机刚刚兴起的时期，调查问卷显示消费者不是特别看重拍照功能，所以当时很多人都认为，摄像头有500万像素就足够了。结果不到一年，手机就进入了800万像素时代，如今拍照功能甚至还成为许多手机的核心卖点。

表2.1 七个维度对比2B与2C的差异

	2B	2C
技术成熟度	垂直细分场景的技术应用	成熟且较为通用的技术
产业依赖度	定制化或自主研发相关部件	依赖上下游产业链的成熟度
研发周期	相对较长	迭代迅速，精益试错
价值定位	工作需要，需求明确	个人需要，喜好导向
产品路径	规范、复杂、双向	直达消费者
购买行为	复杂的决策链和流程	个人决策
团队能力	行业纵深与技术能力	工厂、成本、运营的综合优化能力

对于2C，元宇宙还是一个比较遥远的愿景理念，对于2B，产业元宇宙更接近于一整套的技术概念，而不是一个新产品或者新产业。

如果将元宇宙视为一个新产品或者新产业，情况则非常复杂。作为2C端消费元宇宙的典型案例，15年前诞生的"第二人生"的经历颇具代表性。最初它一度被视为互联网的未来，并在2007年达到了活跃用户数超过100万的高峰，但随后发展停滞，20%～30%的初次用户此后从未回来过，一度沦为被废弃的"遗迹"。"第二人生"的创始人罗斯代尔认为，虚拟世界存在的目的是给予人们启示，启发人们的创造精神，在必要的时候给人们一个精神家园，而不是要完全替代真实世界的一切。未来人类终将实现元宇宙的美好愿景，但是实现之路会非常漫长，今天所面临的困难也是不容忽视的。

我们一般认为消费端对于新技术的接受是最快的，但是之前的经验表明，恰恰相反，产业端的部分垂直领域（如军工等），对于新技术的接受程度更高，渗透速度也更快。元宇宙先作为一套技术组合在产业中应用，再逐步演进为新产业，乃至下一代互联网，或许是一条可行的发展道路。不能对技术的短期发展过于乐观，也不能对长期发展过于悲观。很多企业都在积极思考产业元宇宙的影响，不仅限于特定的垂直行业，而是将其放在更广泛的经济生态中进行规划。

产业元宇宙的组织变革

技术的塑造能力往往都不是表面的，经过之前的几次工业革命，企业的内核和组织的内涵已经发生了本质性的改变。在产业元宇宙时代，企业组织将会发生重大变革。尤其是这一轮全球新冠肺炎疫情，让我们有充分时间反思自己的企业和工作，人们的观念发生着潜移默化的转变。

变化一，我们可能很难想到，人们愿意投入更多时间在工作上。根据哈佛大学商学院和纽约大学组成的团队的调研，由于居家办公的时候，员工摆脱了通勤的麻烦，对工作时间也有了更自主的控制，大家平均每天反而会多工作48.5分钟，一些人甚至多工作3小时。

变化二，虽然人们愿意多花时间投入工作，但是对工作的内容和价值感却越来越挑剔。大家意识到，我们不应该为了工作而活着，我们应该为了更好的生活而工作，因此很多人把兴趣变成了工作。据招聘软件公司iCIMS统计，2021年前9个月，美国就业市场中的空缺职位增加了86%，但求职申请数量只增加了8%。那么离开了原有工作岗位的人们在做什么呢？他们要么把兴趣变成了工作，要么成为自由职业者，甚至开始创业。球鞋鉴定师、剧本策划师、无人机飞控手、电竞陪练师……各种新型的职业成为人们通往自我实现的重要途径。

这些变化让我们不禁反思，公司这种组织形态所存在的意义是什么？为什么会产生"公司"这种人类的共同想象体？其实"公司"的历史并不长，英国议会在1844年至1862年间出台了一系列法规，赋予所有人权利创造属于自己的"虚构生物"，它们被称为"公司"。公司是"法律假设"，其存在完全受限于法律。虽然公司具有虚拟性，但它作为"法人"能够签署合约、开设银行账户、拥有资产、雇用员工。

英国著名经济学家罗纳德·科斯，在其开拓性的著作《企业的性质》中有效地抓住了那一时期制度建设的要点。科斯发现市场本身或者价格机制本身并不是没有成本的，使用价格机制的成本，也就是后来广为所知的交易成本，正是"公司"得以产生的原因。他论证了公司的存在，就是为了降低让独立实体之间的协调活动变得更加困难的交易成本。因为这一理论，他获得了诺贝尔经济学奖。

随后在所有公司的建设过程中，大量采用了规模效应和层级制度，并且持续创造着巨额财富。这样的成功促进了工业化的企业思维模式形成，很多关键假设已经在人们心中根深蒂固。然而，周围的世界正在发生变化，事实就是这样，过去所做的事情将我们带到了一个新的高度，但它不能使我们一直保持在这个高度。社会发展的车轮飞转向前，我们也必须奋力向前。

传统公司的组织结构往往基于工业时代，为了满足大规模生产的需求而建设，而在产业元宇宙时代，社会商品的普遍稀缺性正在消失，我们正在走向普遍盈余、局部稀缺的新阶段。如果企业组织不能很好地进行内部调整，将会很难吸引和留住真正有价值的人才加入，更不要说在即将到来的新时代中制胜。

什么才是适合产业元宇宙的组织形态？DAO。所谓DAO，它有两个定义，一种是Distribute Autonomous Organization，分布式自治组织，另一种是Decentralized Autonomous Organization，去中心化的自治组织，两种定义的底层逻辑一致。

产业元宇宙促进了价值的自由流动，进而催生DAO这种新型的分散合作、价值共享的后公司化组织的形态。和公司最大的区别在于，DAO并不通过法律与合同组织在一起，处于不同司法辖区的用户、甚至AI人工智能都能组成DAO。产业元宇宙时代的DAO，就如同18世纪快速发展的公司制，产业的变革催生了新的组织方式，从工业时代到产业元宇宙，组织形式将不断变化演进。

对比公司与DAO，如表2.2所示，两者在决策制定、所有权、组织架构、信息流等方面均有很大差异。这些差异将DAO与公司区分开来，DAO的结构本质上是开放和负责的，这是一种强制功能，可以与创建它的参与者共享价值。DAO的形态是自由开放的，用户可以为多个DAO工作，也可以随时退出。DAO不需要紧密的组织架构，而是去中心化做出决策。与公司不同的是，DAO的决策是群体制定的，而不是由CEO或高管层制定的，规则的变更与执行是一步到位的。如果一个DAO与其利益相关者不能建立良好的共生关系，那么其他的DAO将在竞争中胜过它们，或者它们的参与者将离开去寻找其他机会。DAO将作为开放经济体发挥作用，鼓励人们在任何能够提供价值的地方积累价值。

表2.2 公司和DAO的差异

	公司	DAO
决策制定	上级制定	群体制定、一步到位
所有权	法律确定	新型合约
组织架构	层级	扁平、去中心化
信息流	不透明、信息隔离	透明、信息共享
IP	封闭	开源

伴随DAO的演进，我们还需要思考"工作"与"职业"的区别，我们到底如何通过职业生涯实现自我价值？大家普遍认为工作是谋生的手段，公司给我一份工作，我完成任务，公司付我薪酬，上一份工作和下一份工作之间可以没有延续性。这种工作态度很适合工业化的大规模生产时代，每个人是公司的一枚螺丝钉。但是产业元宇宙的到来，让我们有机会对自己的职业生涯做一次彻底的再评估，什么才是最优的工作态度？"职业"带给我们不一样的视角。与工作不同，职业生涯是一个不断精进的过程，是让自己变得更有价值的过程。虽然职业也可以谋生，但我们

更看重职业是否与兴趣爱好、自我价值相匹配。因此职业是有延续性的，每一件事都是下一件事的铺路石，每一件事都让我们成为更好的自己。

由此也衍生出了一个新的趋势：X-to-Earn。在DAO中，人们从事任何职业都可以赚钱，玩游戏赚钱、学习赚钱、创造赚钱、投资赚钱……我们会看到前面提到的各种新型职业的诞生。在一次对422名DAO参与者进行的调查显示（见图2.4），85人在DAO中可以获得与工薪相同的酬劳，72人薪酬翻番，更有32人获得了三倍酬劳。

随着DAO更加多元化，世界秩序正在慢慢发生变化，元宇宙的提出让人们在思考如何摆脱现状找到新的归宿，这可能将引发巨大变革。

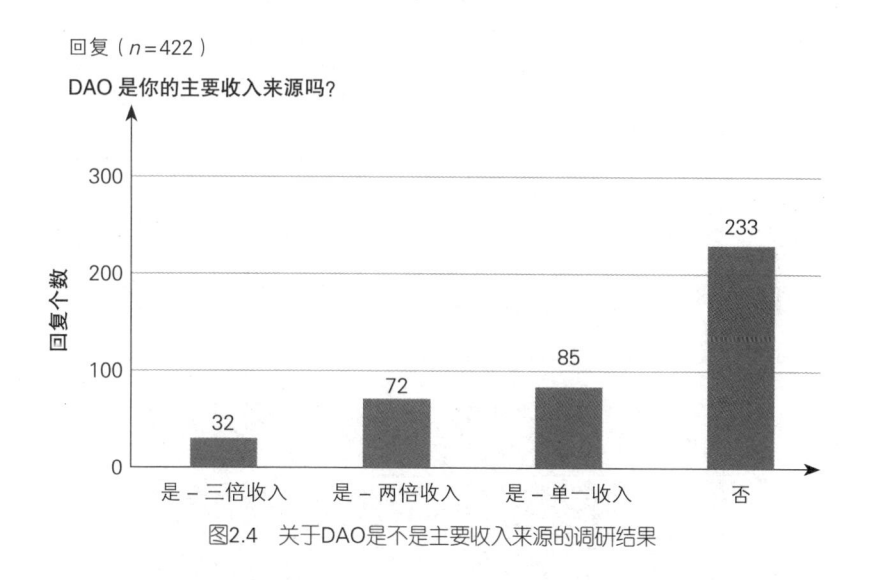

图2.4 关于DAO是不是主要收入来源的调研结果

产业元宇宙的着眼点在于服务规模化

科技的本质之一是实现各个领域的规模化。一项先进技术只有走出实验室，通过研发转化成满足某种需求的产品,被低成本地大规模生产出来,最终推向市场送到消费者手上,才能切实解决实际问题,才能真正推动社会进步。从这个意义上讲,科技本身就具备实现规模化使用的属性,只有被规模化使用的科技才能最终造福于人,推动经济发展和社会进步。从工业革命发生以来,我们已经经历了生产制造的规模化,如今我们迎来了服务规模化的新纪元(见图2.5)。

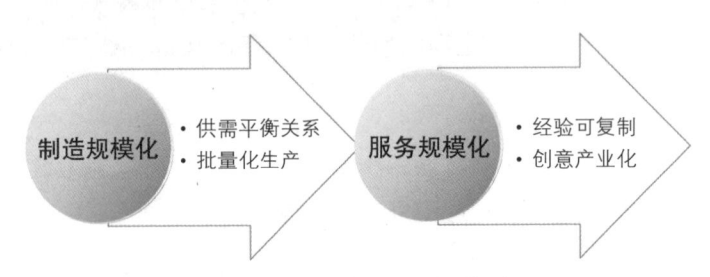

图2.5 从制造规模化到服务规模化

不少科幻小说在畅想未来时,都有一个人人被机器人服务的生动画面,这样的场面其实已经离我们不远(见图2.6)。不久的未来,米其林三星大厨的精湛厨艺,可以通过厨师机器人复制到千家万户。私人健身教练可以化身到智能手机、手表和健身镜中,随时陪伴我们的训练。过去只有大富大贵才能享受的高端服务,在技术的加持下可以让普通人也能享受。服务将是未来商业的主题,产业元宇宙的着眼点在于服务的规模化。

图2.6 猎户星空的咖啡冲调机器人

传统行业中往往形成规模化的是生产制造，而研发与服务尚未形成规模。探究其主要原因，传统企业的操作现场普遍存在一定的封闭性，企业组织并不是由广泛的利益相关者共同建设的，工业产品的研发与定义很少融入用户创造的内容，大规模的普遍协作还没有形成。

我们都知道生产制造是一个极其复杂的过程，也是供应链中最关键的一步。根据不同的制造策略，企业对生产过程持续进行优化，总体而言分为以下三种。

- 按库存生产策略（Make-to-Stock，MTS）：根据预期的消费者需求生产或制造商品。这种方式利用预测和实时数据来帮助生产对应数量的产品，并最终减少工厂内的浪费。它的主要缺点是依赖于预测并建立大量的库存。

- 按订单生产策略（Make-to-Order，MTO）：企业根据客户订单的需求量和交货期来进行生产安排，其宗旨在于降低库存，不做任何库存存放，有订单才安排生产，无订单则调整生产。按订单生产的产品包括计算机、汽车、重型设备等。

- 灵活组装生产策略（Make-to-Assemble，MTA）：该策略是前两种策略的混合模型，允许根据客户需求定制一些组件。生产线根据需求预测储存基本零件，但在客户下订单之前不组装。比如餐馆就是一个很好的例子，事先准备好一些原材料，然后等待客户订单再开始加工。

在未来的产业元宇宙里，生产策略则进一步迭代成按想象生产（Make-to-Imagination，MTI）。客户按自己的想象提出实物或虚拟产品的需求，并可以自主参与从产品设计到生产的任意环节。产业元宇宙里的生产方，可以在产业元宇宙的平台里，根据自己能力，承接、变现客户的某个想象需求。

无论是哪种生产策略，都是从生产者的角度出发，提高生产和运营的效率，提升产品的质量，降低库存和缩短成交期。不过，这些以生产制造为起点的策略，都不是符合产业元宇宙特征的生产策略。在产业元宇宙中，有两类利益相关者，将在工业互联网中发挥重要作用，即

- 设计服务提供者：对工厂的布局或者生产的产品提供设计方案的服务提供

者。设计分为两个层面,对工厂自身的设计,以及对制造产品的设计。一方面,为了满足个性化的最终用户需求,工厂需要变得极其具有柔性,如各种生产设备如何合理布局,使用适当的通信和控制装置,生产出质量合格、性价比高的商品,工厂自身需要被重新设计和定义。另一方面,最终用户未必知道自己想要什么,需要具备设计能力的专业人士,提高设计质量的一致性,降低设计的风险。

- **最终用户**:最终用户在购买产品的过程中,通过购买力为不同的定制化产品加分,从而让爆品和爆款从众多产品中脱颖而出。在产业元宇宙中,设计与创意诞生的难度将会极大降低,产品设计的数量将呈指数级增长。就像短视频平台创造了一大批内容创作者一样,普通消费者能够随时轻松渲染和模拟定制产品的3D原型。在这个过程中,如果最终用户提供产品创意,可以在产业元宇宙中获得相应的产品销售收益。

人们需要的不是电钻,而是墙上的洞;人们需要的不是墙上的洞,而是挂在墙上的画;人们需要的不是挂在墙上的画,而是美的体验。消费元宇宙应该让人们感受到美的体验。

工厂需要的不是电钻,而是地面的洞;工厂需要的不是地面的洞,而是固定在地上的工业机器人;工厂需要的不是固定在地面的工业机器人,而是自动化的柔性定制能力。产业元宇宙可以使工厂拥有自动化的柔性定制能力。

产业元宇宙着眼于服务规模化,落脚于服务定制化。机器的生产效率不再制约生产力的提升,但人的知识、经验、创新力、设计能力和服务能力则成为瓶颈。工业系统越是复杂,人的学习曲线就越缓慢,而当人的学习曲线落后于技术的进步时,人就会成为制约技术进步和应用的瓶颈。产业元宇宙可实现人们知识的传承,让个性化、高端服务的规模化成为可能。生产制造商在产业元宇宙中也将转型,从最终产品的生产者,转变为制造即服务的提供者,比如出行服务提供者、管家服务提供者。

什么不是产业元宇宙？

当然我们还需要知道什么不是产业元宇宙，只有知道了什么不是，才能更好地把握真正的产业元宇宙。产业元宇宙并不是下一代互联网在产业端的简单平移，而是包含了非常丰富的内涵和外延。在第4章中，我们将看到构成产业元宇宙的要素包括完善的科技支撑（5G、VR、AR、MR）、强大的区块链技术搭载的技术网络和以区块链为载体的数字货币经济系统。产业元宇宙需要包括网络算力、人工智能、游戏技术、显像技术（AR、VR、MR）及区块链技术（通过智能合约和去中心化结算平台保障经济系统的稳定透明）共同支撑。

那么一个真正的产业元宇宙，应该具备哪些必须要素呢？这里我们可以参考两个观点，一个观点来自Roblox公司的创始人总结的元宇宙的8大要素；另一个观点来自虚拟现实建模语言VRML的共同创建者托尼·帕里西，他提炼了元宇宙的7大规则。

元宇宙的8大要素：

- 身份——你有一个虚拟身份，可以是摇滚明星，也可以是乞丐。

- 朋友——你可以和真人交朋友，并且在元宇宙里社交。

- 沉浸感——你觉得处于其他地方，并且失去了对现实的感知。

- 低延迟——当你想进入元宇宙时，马上就能够进入。

- 多元化——这里必须有大量差异化的内容，维持人们长期的兴趣。

- 随地——你能够从任何地方登录，无论是在学校还是在上班。

- 经济系统——这里同样有各种职业，也可以获得这个世界的金钱。

- 文明——人们聚到一起，创造出独特的数字文明。

元宇宙的7大规则：

- 规则1——只有一个元宇宙。
- 规则2——元宇宙适合所有人。
- 规则3——没有人控制元宇宙。
- 规则4——元宇宙是开放的。
- 规则5——元宇宙独立于硬件。
- 规则6——元宇宙是一个网络。
- 规则7——元宇宙是互联网。

综合这些要素和规则，我们可以看到元宇宙的内核。

首先，只有一个元宇宙，因此烟囱式、孤岛式的彼此割裂的系统不是元宇宙。

其次，元宇宙中的虚拟世界与现实世界不是相互割裂的，而是交汇融合，纯粹的虚拟空间不是元宇宙。

最后，元宇宙需要具备"身份系统"和"经济系统"这两个要素，如果一个系统不能给用户提供独立的数字身份，或者不能形成价值的自由流动，现实和虚拟世界之间没有价值的交互，那么这个系统就不是元宇宙。

如何判断一个系统是否是产业元宇宙？产业元宇宙除了具备以上条件，还需要能够解决产业的痛点，以很强的目的性解决产业中那些不可见的隐性问题。

因此，产业元宇宙不是原有商业模式的重复，产业元宇宙的崛起是由于技术与商业创新形成的良性循环。只有当技术创新和商业创新相结合时，产业元宇宙的全部潜力才能实现。没有商业模式的创新，就不会有产业元宇宙的繁荣。产业元宇宙通过自组织的经济体创造了一个良性循环，或称飞轮。我们的商业创新越多，参与者社区就越大，就会刺激更多的技术创新，从而进一步增加其中的经济活力。

第 3 章
产业元宇宙何时到来

产业元宇宙，未来已来

不存在产业元宇宙何时成真的分界线

产业元宇宙还会经历寒冬吗？

产业元宇宙将会如何演进？

产业元宇宙的接受程度如何？

产业元宇宙

最近网上流行一口智能料理锅，除Wi-Fi、多种功能，这个锅可以把食材量化和数字化到虚拟世界，然后烹饪出各种美食。比如用这口锅来煮鸡蛋，选项包括水煮蛋：最常见的热水煮蛋，蛋黄和蛋白全都凝固；溏心蛋：煮的时间略微缩短一些，蛋白凝固，蛋黄内部还未完全凝固；温泉蛋：使用未滚开的热水（一般为60~80℃）长时间低温煮，煮好的蛋黄稍微凝固、蛋白处于半液态，加一点酱油，口感别有一番风味。尤其是用来煮温泉蛋，最为简单不过。只需将洗干净的鸡蛋放入料理锅中，再加入约一半到三分之二的水，设置温度为65℃、时间为60分钟即可。

这不仅仅是一口锅，简直是一个不会行走的机器人。烹饪发烧友们的菜谱和经验，通过虚拟化的建模，可以复制给任何人。我们也可以下载别人的菜谱，学习别人的烹饪经验，复制或者改良。精准测量温度、水量和时间，就会发现一个鸡蛋根据不同的人，可以开发出各种口味。我们不仅可以看到和模仿别人的菜谱，还可以分享自己的黑暗料理秘诀。我们每一个热爱生活的人都可以开发自己的菜谱，也就是说，我们每个人都会变成一个开发者来融入这个产品的迭代。原来每个爱做饭的人都是一位开发者。那么，伴随着这个产品的迭代，我们就会发现商业模式会发生变化。这口锅串联了哪些人和组织？围绕这口锅，串联了生产制造商、消费者、食材供应者、菜谱开发者等，都可以通过这口锅实现自己的价值。

仔细想想，难道这口锅不就是一个典型的产业元宇宙应用吗？我们先是对火候和各种食材进行建模，然后将其以标准的、无歧义的方式映射到赛博空间里。然后按照我们想吃的美食，通过数字化菜谱将各种食材进行烹饪，最后把美味佳肴带到我们面前。

产业元宇宙，未来已来

产业元宇宙已经来到我们身边。除了智能料理锅，我们还会发现一项对人类的物理生活非常有帮助的产业元宇宙应用，那便是导航。那么导航是怎么实现的？我们需要把物理空间的所有轨迹完全数字化，需要对地球、城市、道路等进行建模，然后将其以标准的、无歧义的方式映射到赛博空间里。在物理世界里你想去任何地方，导航都可以在赛博世界里帮我们提前规划，从而便利我们的生活，提高我们的出行效率。

工业领域、医学领域、出行领域、军事领域，它们有可能拥抱全面数字化，以前叫提前现代化，按现在的说法，可能要叫"提前进入元宇宙"。比如在智慧医疗领域，已经有企业在做数字化的骨科手术。这些企业利用动态追踪技术，用可视化技术来帮助医生提高他们的治疗水平。传统骨科手术，比如骨盆骨折复位手术，要依赖高年资医生的经验，要在术中拍大量X光片才能够完成。而现在的产业元宇宙手术只需用CT建模，配合动态追踪的混合现实技术，就像帮助医生长了一双"透视眼"，医生通过同步的定位追踪，通过观看屏幕上可视化的真实骨骼模型，就可以完成手术，让治疗过程少拍一些X光片，减少医生受到的伤害。现在这种技术已经有了很多的临床实例，也拿到了医疗器械注册证，对于医生和患者都是福音。

不存在产业元宇宙何时成真的分界线

元宇宙创造了一个始终在线的、不断被刷新的实时世界，拥有无限量的人、物、事参与其中，人们不仅可以自由生活，还可以自由创造。根据各种研究机构、分析师和投资人对它的解读，元宇宙不仅是针对物理实体，在虚拟世界中1∶1重建的一个"数字孪生体"，还包括由我们的想象力创造的各种虚拟事物。元宇宙拥有完整的经济逻辑，数据、物体、内容以及IP都可以在元宇宙中存在，而且元宇宙不仅包含虚拟和现实的万事万物，还包含它们之间的各种关系和连接。任何个人和企业都可以参与建设元宇宙，使之不断完善和更加繁荣。

如今我们讨论产业元宇宙，如同20世纪90年代人们讨论互联网一样，需要有能够看到未来的视野。原社交网络平台Bebo的首席执行官沙恩·普瑞提出过一个观点，他认为元宇宙不是一个"地点"，不是虚拟世界也不是现实世界，而是一个"时间"。他认为元宇宙是时间中的一瞬，就像人工智能领域里有一个"奇点"的概念，"奇点"是指人工智能变得比人类更聪明的那个时间点。

相应地，他认为元宇宙也有一个"奇点"，过了"奇点"人们将认为在数字世界里生活比在现实世界里生活更有价值。当电视出现之后，我们对现实世界的注意力下降到了85%；当计算机出现之后，我们对现实世界的注意力下降到了70%；当手机出现之后，我们对现实世界的注意力下降到了50%……我们的注意力在哪里，能量就在哪里。当有一天，我们对数字生活的注意力从50%上升到90%以上，那一刻将会成为元宇宙的"奇点"。因为在那一刻，我们会认为虚拟生活比现实生活更加重要。

上述观点颇具启迪性，我们对一个事物的判断有不同的侧面，每个人都可以表达自己的看法。没有好与坏的区分，只有角度不同。我们更愿意相信，产业元宇宙不会一夜之间出现，就像我们认为18岁是成年的标志，18岁生日当天可以认为一个人正式成年，但是成年的这个过程是在日积月累中发生的，是一个连续的旅程，并不必要对应某一个时点。

"元宇宙前"和"元宇宙后"不会是两个独立的纪元，没有泾渭分明的界限。产业元宇宙是一种自然而然的演进，我们的分身将同时存在于真实世界和数字世界，我们的心智可以在两个世界中无缝穿梭，我们的日常生活将由元宇宙的逐步扩张，在方方面面发生潜移默化的转变。

数字孪生、混合现实、物联网、5G……都是我们建设产业元宇宙的手段和工具。但是产业元宇宙不仅包含人工智能、大数据分析、混合现实、区块链、物联网等最新技术和应用，还包括对于经济、人性、社群、心智、共识的深层次理解。产业元宇宙将是包含许多独立工具、平台和基础设施，由标准和协议支撑的物理世界和虚拟世界不断融合的结果。

理解产业元宇宙，需要对它的规模有所预期。由于很难界定产业元宇宙的边界，也很难将其量化，保守估计产业元宇宙的规模也在兆亿美元以上。就像我们很难评估互联网的市场规模，唯一可以知道的是产业元宇宙正在逐步演变和扩大。没有任何一家独立的公司可以拥有产业元宇宙，反而是产业元宇宙可能孕育多家独角兽企业，或者新型巨头公司。

产业元宇宙还会经历寒冬吗？

世界上最大的对冲基金之一桥水基金的创始人瑞·达里欧在《原则》一书中，讲述了他的经济模型。经济虽然看起来复杂，但其实是以简单和机械的方式运行的。经济的波动，底层是生产率的提升曲线，叠加长期债务周期和短期债务周期。虽然生产率在长期内最关键，但信贷在短期内最重要。具体到5～8年，虽然我们大部分人能够感受到波动，但由于离波动太近，每天、每周都身临其境，通常不认为这是周期。

我们对元宇宙的看法也是如此。看到Roblox上市，我们会惊呼元宇宙要来了；看到Meta市值蒸发，我们又会感叹元宇宙要完了……我们倾向于高估新技术的短期影响，也倾向于低估由新技术引发的结构性转变对竞争格局的长期影响。无论我们如何期待、炒作或者唱衰，技术演进的底层逻辑和规律就在那里，不会改变。

在第2章，我们知道了产业元宇宙是一个终极愿景。虽然现在热火朝天，接下来元宇宙会经历寒冬吗？分析这个问题，我们可以向元宇宙的"隔壁"望一望。同样是终极愿景，人工智能与元宇宙有一定的相似性（见图3.1）。

| 产业元宇宙

- 人工智能描述了机器智能的终极愿景，元宇宙描述了人类超越虚拟与现实世界的终极愿景。

- 人工智能需要解决的是人与机器之间的矛盾，元宇宙需要解决人的现实身份与数字身份、物理世界与虚拟世界之间的矛盾。

- 面对人工智能和元宇宙，应当拥抱还是远离，人们都存在极大的争议。

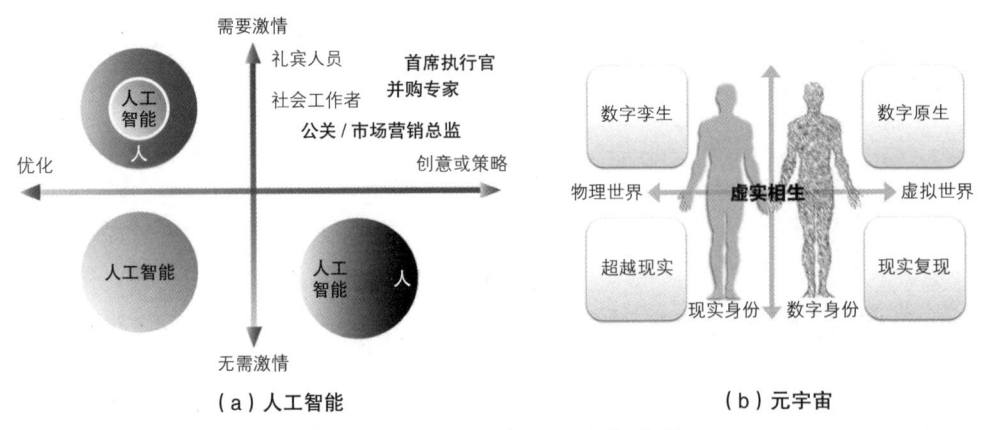

（a）人工智能　　　　　　　　（b）元宇宙

图3.1　人工智能与元宇宙有一定的相似性

回顾人工智能的发展历程，或许可以给元宇宙的发展路线提供借鉴。1956年，美国达特茅斯学院举行了历史上第一次人工智能研讨会，被认为是人工智能诞生的标志。接近70年的时间，人工智能已经经历了三次发展浪潮，也经历了两次低谷（见图3.2）。换而言之，人工智能的泡沫已经破灭两次了。

从人工智能诞生到1974年，乐观的气氛弥漫着整个学界，在算法方面出现了很多世界级的发明。但是到了20世纪70年代初，人工智能遭遇了瓶颈。人们发现那时的人工智能只能做很简单、非常专门的任务，稍微超出既定范围就无法应对。当时的计算机有限的内存和处理速度，不足以解决任何实际问题。随着计算复杂度以指数程度增长，人工智能成为不可能完成的计算任务。

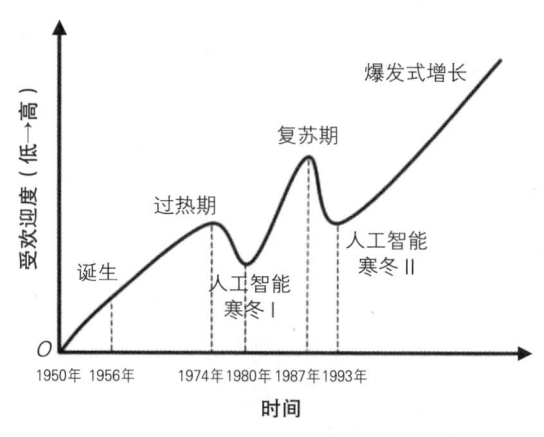

图3.2 人工智能的发展浪潮

20世纪80年代，一类名为"专家系统"的人工智能程序开始风靡全球，"知识处理"成了主流人工智能研究的焦点。谁知不久，人们对"专家系统"的狂热追捧转向巨大的失望。1987—1993年，现代PC出现，"专家系统"被认为古老陈旧、非常难以维护。于是，人工智能的寒冬又一次来临。

1993年之后，人们确定了人工智能的方向，就是要做实用性、功能性的人工智能，这导致了一个新的人工智能路径。以深度学习为核心的机器学习算法获得发展，积累的数据量极大丰富，新型芯片和云计算的发展使得可用的计算能力获得飞跃式发展，现代人工智能的曙光又再次出现了。一个标志性事件发生在2016年3月，谷歌研发的AlphaGo在围棋人机大战中击败著名棋手李世石。随后，普通大众开始熟知人工智能，各个领域的热情都被调动起来了。

2018年之后，市场研究机构Gartner逐步将人工智能绘制成单独的技术成熟度曲线，追踪其基本趋势和未来创新。2021年，人工智能技术成熟度曲线共有34项技术出现，其中包含了很多新技术。在这34项技术中，有17项技术需要2～5年才能达到成熟期。有13项技术需要5～10年才能达到成熟期，它们基本处于创新萌芽期与期望膨胀的顶峰期。而"稳步爬升的光明期"和"实质生产的高峰期"都比较空，出现的技术寥寥无几。

产业元宇宙

如今，元宇宙的热度明显高于人工智能。从概念来看，1992年创作的小说《雪崩》中，第一次完成元宇宙从命名到定义的确认；从商业实践来看，2021年元宇宙概念股Roblox的上市正式将元宇宙推入大众视野。从此，奇幻而又未被清晰定义的元宇宙，成为仍在快速上升的新风口。

根据百度指数的数据，元宇宙的最高热度超过人工智能的3倍。人工智能的"诸遇在前"，其所经历的两次寒冬，所包含的数十种技术演进与更迭，元宇宙料想也会"照单全收"。市场调研机构Emerging Tech Brew认为，元宇宙即将进入泡沫破裂谷底期（见图3.3）。现阶段人们对元宇宙的期待和实际的元宇宙使用价值不成正比，这种期待的落差可能会造成人们的兴趣逐渐减弱，技术创造者被抛弃或失败。只有幸存的提供商改进产品，使早期采用者满意，投资才会继续。

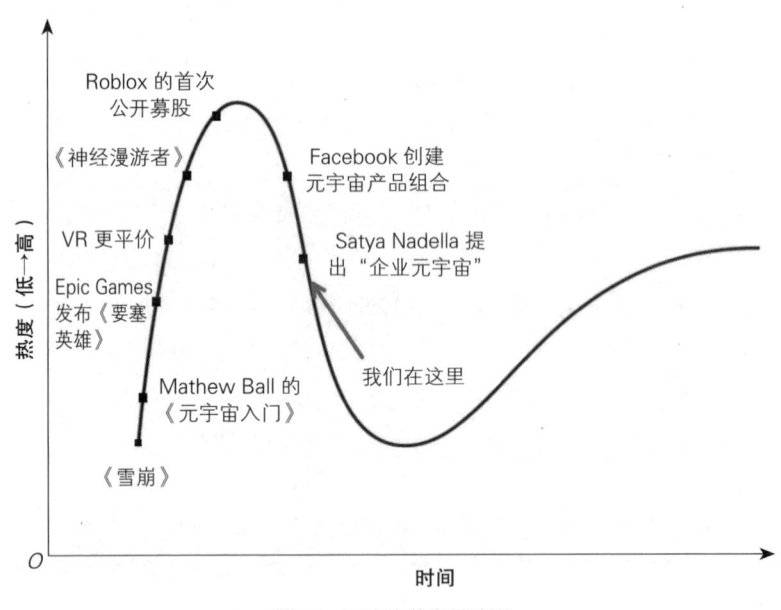

图3.3　元宇宙的发展浪潮

如果不冷静地推进元宇宙，这个产业发展也有可能像30多年前的人工智能产业、20多年前互联网产业所经历的泡沫般破裂，硅谷大批人工智能和互联网淘金公司倒闭。产业元宇宙的发展和很多产业一样，不会是直线上升的。虽然现在很热，但是过一段时间大家也许会失望，会产生怀疑。因此，产业元宇宙需要不断努力解决问题，不断改进，最后当大家都对其"无感"的时候，产业元宇宙时代或许才会真正到来。

产业元宇宙将会如何演进？

先说结论，产业元宇宙有可能先于消费元宇宙成熟，而且产业元宇宙自身的演进将遵循一定的次第顺序。

对于2C，元宇宙还是一个比较遥远的愿景理念，对于2B，产业元宇宙更接近于一整套的技术概念，而不是一个新产品或者新产业。如果将元宇宙视为一个新产品或者新产业，情况则非常复杂。2C对于技术的要求更多维，往往要求的是过剩的技术，就是那些今天已经成熟到非常廉价的技术。无论是人工智能，还是虚拟现实，它们的早期阶段都是先在2B场景中应用，然后再到2C领域中普及。

如果将元宇宙看成为一套技术概念，那么就有可能与2B的某些场景和需求相匹配。因为很多行业的痛点不是因为新技术的诞生而产生的，而是已经存在多年。新技术的涌现，可以为原有的痛点和需求带来更好的解决方案。2C的产品通常面临激烈的竞争，用户选择多，购买带有很强的感性因素，对产品体验的要求高。但是2B端用户则相对理性慎重，关注的核心在于价值创造，更提倡理念和技术上的创新。在2B领域，大家面对的是场景和对象，是确切的物理系统，这个系统中的组织关系和任务也是明确的。比起2C的创造性而言，产业元宇宙更强调可视化、准确性和调优性，比起构建新的场景和体验而言，产业元宇宙更关注确切场景。

在2B的元宇宙场景中，用户更愿意为解决问题所创造的价值买单。互联网、大数据、人工智能……应用这些技术不是目的，解决产业痛点问题才是目的。数据不能标准化是痛点、质量需要提升是痛点、资源浪费是痛点……产业元宇宙需要发现问题、解决问题和获取价值。

我们一般认为2C对于新技术的接受是最快的，但是对于2B的某些垂直领域，新技术的接受程度更高，渗透速度也更快。因此产业元宇宙有可能先于消费元宇宙成熟，元宇宙先作为一套技术组合在产业中应用，再逐步演进为新产业，乃至下一代互联网，或许是一条可行的发展道路。

接下来，我们再来分析产业元宇宙成熟的顺序与规律。回顾过去，无论是IT、互联网、移动互联网，每个产业的成熟都遵从固有的阶段划分。首先是完善的基础设施，其次是丰富的平台工具，之后才有产生创新应用的环境和土壤。只有先构建好孕育新应用、新服务、新模式的基础设施和环境，才能源源不断地激发各种模式创新。

以"滴滴出行"和"抖音"等应用的出现为例，它们都是4G时代的产物，是在4G网络和智能手机普及率突破临界点之后，才形成了能够孕育它们的环境。2008年，国际电信联盟指定一组用于4G标准的方案，命名为IMT-Advanced规范。2013年年底，工业和信息化部（以下简称"工信部"）向中国移动、中国联通、中国电信颁发"LTE/第四代数字蜂窝移动通信业务（TD-LTE）"经营许可牌照。根据工信部发布的数据，2014年10月，三大运营商4G基站总数累计达到70万个，4G用户超过4300万户。2014年年底，4G用户总数已达9728万户。2015年年初，4G用户数超过3G。截至2016年一季度末，全国4G用户数达到5.3亿户，这个数据超过了欧美总和。

3G时代，提供出租车预约服务的App开始酝酿。2014年，"嘀嘀打车"更名为"滴滴打车"。从只能预约出租车，逐步发展到可以预约快车、专车、代驾等出行服务。截至2021年，"滴滴出行"用户达5.8亿。抖音于2016年上线，原是一款音乐创意短视频社交软件。2018年第一季度，抖音在苹果App Store下载量达4580万次，字节跳动CEO张一鸣称其成为全球下载量最高的苹果手机应用。

可以看到，产业的成熟是一个自底向上逐渐发展的过程，是一个三角形，越是贴近底层的基础设施所触及的用户量和设备数越大。

产业元宇宙的发展逻辑也遵从同样的规律，如图3.4所示，基础设施的成熟是先决条件。按照目前被广泛认可的元宇宙7层架构，基础设施层包括AIoT、5G、

Wi-Fi 6、3D打印、区块链等技术，正是这些技术支撑了元宇宙中的沉浸式体验、经济体系和创意内容。AIoT位于底层基础设施的位置，它的成熟度对产业元宇宙起到决定性作用。

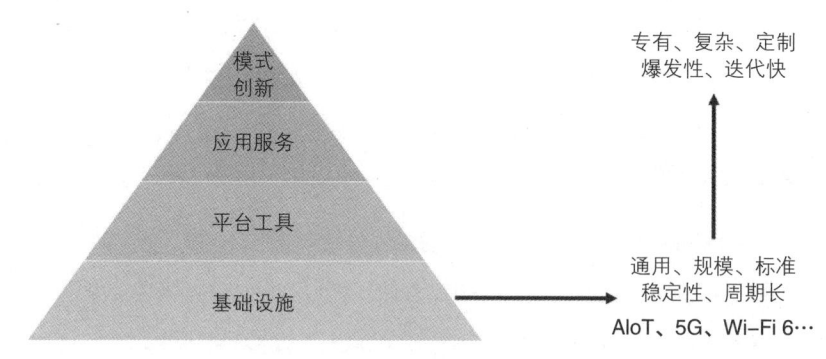

```
        模式
        创新           专有、复杂、定制
                      爆发性、迭代快
       应用服务

       平台工具

      基础设施         通用、规模、标准
                      稳定性、周期长
                      AIoT、5G、Wi-Fi 6…
```

图3.4　产业元宇宙成熟的顺序与规律

看到这里，你可能会问，既然产业元宇宙可能会先于消费元宇宙成熟，那么何时是入手产业元宇宙的最佳时机？也许这个时机不会出现。

每年市场研究机构Gartner都会发布技术成熟度曲线，几乎每种技术都会经历过山车一般颠簸的旅程，就连Gartner自己也有失误的时候，比如曾经预测"2020年将有260亿物联网设备"，这一论断就被事实打脸。既然Gartner这样专业的机构都会在判断中出错，我们做选择时，踩中产业的发展节奏更是难上加难。所以与其预测未来，不如在潮流中寻找相对的确定性。

⤢ 产业元宇宙的接受程度如何？

随着元宇宙在工作场景的渗透，大家对于它的接受程度如何？未来我们有可能进入产业元宇宙工作吗？联想集团委托市场调研机构YouGov进行了一项调查。调查结果显示，近一半员工（44%）有意愿在元宇宙中工作，并相信元宇宙能够带来

产业元宇宙

工作效率提升等诸多优势。该研究于2021年11月开展,调查对象包括来自美国、英国、巴西、新加坡、中国和日本的7500余名在职员工。

接近半数的受访者愿意在元宇宙中工作,但仍有20%的人不愿意,21%的人表示中立,另外15%的人表示不确定。半数受访者认为,企业采用新技术的速度是考验新技术成熟度的重要指标。44%的受访者认为产业元宇宙将会提高他们的工作效率,59%的受访者不确定他们的企业目前在IT方面的投资,是否足以帮助他们最大限度地提高工作效率。

外媒"商业内幕"披露的数据则没有这么乐观。据报道,美国民调机构The Harris Poll的最新研究发现,只有38%的Z世代(1997—2012年出生)认为元宇宙是下一个大事件,并将在未来10年成为生活的一部分,反而千禧世代(25~40岁)在这一议题上,占比达到48%。调查指出,有37%的Z世代认为,值得买入元宇宙中独特的数字产品,千禧一代占比更是高达51%。另有2/3的Z世代和千禧一代知道在元宇宙中互动的意义,相比之下,40岁以上的人仅有27%。同时,调查还显示,虽然有1/4的用户使用过VR或者AR头显设备,但是只有28%的受访者表示对这项技术感到兴奋。

元宇宙虽然是2021年最火爆的风口之一,但到目前为止,似乎还没有一个明确的盈利模式。华尔街分析师之所以看好元宇宙,并希望年轻人能推动此热潮,原因是他们认为年轻人已经习惯了游戏和花大量时间上网,自然会转向虚拟实境。不过,调查正好显示预期与实际的反差,同时说明了元宇宙实际上会是怎样,仍是个未知数。

展望未来,产业元宇宙的发展趋势将会如何?产业元宇宙的整体发展可能会历经三个阶段。第一个阶段是概念兴起、资本入局、相关概念公司大量涌现。按照现在的趋势,这一阶段还可能持续一段时间。第二个阶段是技术在市场和资本推动下开始发展迭代,有可能会经历低谷或寒冬,直到有"真材实料"的公司逐渐涌现出来,产业元宇宙的一些分支逐渐成为现实,产业元宇宙的基础设施逐渐铺开。第三个阶段是经历较长时间的技术发展、监管发展、市场发展,产业元宇宙变成一个相对成熟的产业。

产业元宇宙的本质是在5G、人工智能等信息技术以及硬件产品的支持下，连接的媒介发生的革命性变化，远期将把现实世界的各种场景迁移到虚拟世界中，虽然场景的全面落地是较为远期的愿景，但趋势是确定的。虚拟世界将从交互和连接层面再次大幅提升各行业生产效率，虚拟世界在社会生活中的引入并不代表人类会脱离现实，生产效率的改进将为更多创造性工作提供富余的精力和时间。

在产业层面，元宇宙将会带来5G、6G网络、云计算、计算机视觉、机器学习、电子游戏、传感技术、区块链等广泛的技术迭代升级，以及带来类似"互联网+"的各行业广泛的升级机会，也将为科技与经济生活带来更多变化。

第 4 章
产业元宇宙如何构建

- 产业元宇宙的 7 层架构
- 为什么参与建设产业元宇宙很重要?
- 如何构建产业元宇宙?
- 产业元宇宙的 4 大价值属性

如何构建元宇宙？元宇宙的传输协议是什么？操作系统在哪里？浏览器怎么设计？游戏科技公司Beamable的创始人Jon Radoff首先提出了元宇宙的7层架构。他将元宇宙划分为基础设施层、人机交互层、去中心化层、空间计算层、创造者经济层、探索与发现层，以及体验层。但是这种架构划分更适用于消费元宇宙。按照这种架构划分，元宇宙的表现形式大多以游戏为起点，并逐渐整合互联网、数字化娱乐、教育、医疗等资源，随着时间的推移以及技术的不断完善和进步，长期来看甚至可以整合全社会资源的分配利用，实现资源最优解。对于产业元宇宙应以产业为起点进行构建，因此7层架构所对应的内涵有所调整。

产业元宇宙的7层架构

产业元宇宙的架构包含7个层次（见图4.1），由下到上分别是：

第1层：物理世界层

产业元宇宙由物理世界层打底。我们永远不要忘记，产业元宇宙构筑的逻辑是将物理世界的对象和现象变成模型，放到虚拟空间，进行仿真、预测，最终反馈到物理空间，来强化我们的物理世界。产业元宇宙创造虚拟空间的初衷是为了强化物理世界，让我们在现实生活中提高生产效率、降低生产成本。

第2层：实时映射层

我们使用包括5G、Wi-Fi等通信技术，物联网、云计算、新材料、芯片设计、

XR技术、裸眼3D、即时投影等软硬件技术，实时映射物理世界到数字空间。这些技术使得我们的硬件性能越来越强，将各种设备接入网络且提供必要的支撑，并实现一个"虚实相生"的虚拟世界体验，创造出由现实世界通往产业元宇宙的接口。

探索产业元宇宙的7层机构

第7层：应用互动层
第6层：模拟自治层
第5层：跟踪分析层
第4层：信息监控层
第3层：数字建模层
第2层：实时映射层
第1层：物理世界层

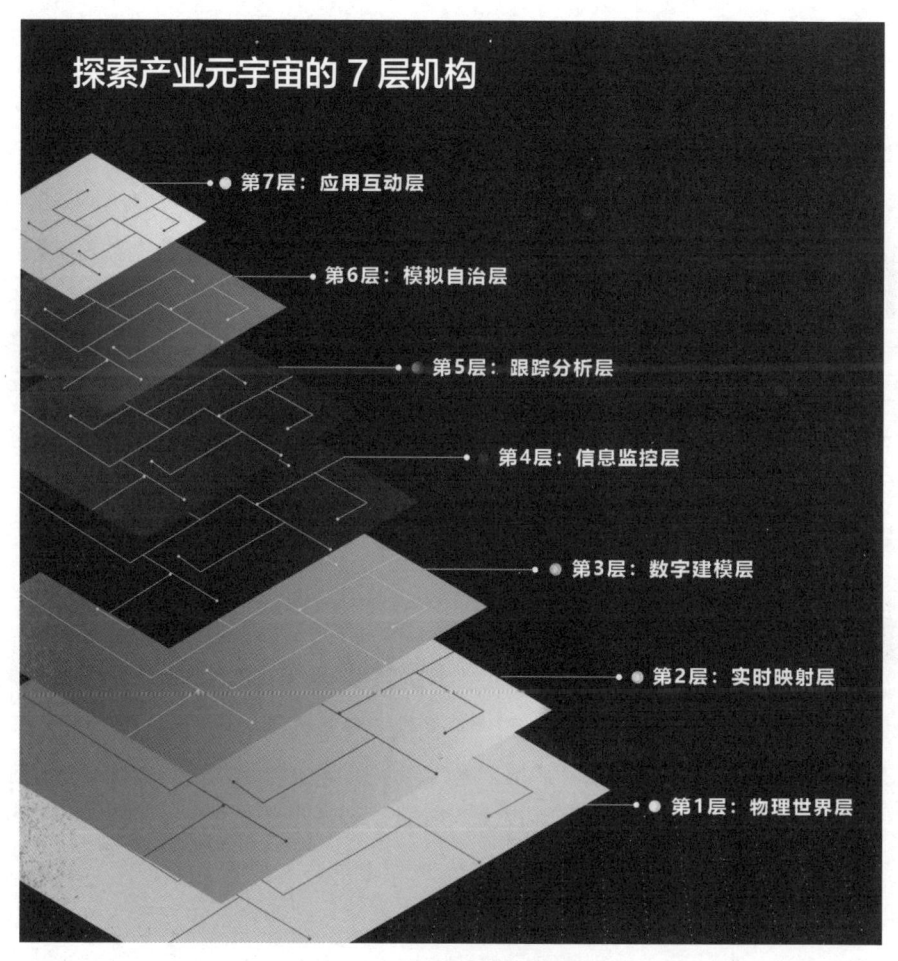

图4.1　产业元宇宙架构的7个层次

第3层：数字建模层

产业元宇宙包含数字世界，因此数据建模层非常重要，这是建立元宇宙平台的关键一层。数字孪生在这个层次被构建。数字孪生是充分利用物理模型、传感器更新、运行历史等数据，集成多学科、多物理量、多尺度、多概率的仿真过程，在虚拟空间中完成映射，从而反映相对应的实体装备的全生命周期过程。数字孪生是一种超越现实的概念，可以被视为一个或多个重要的、彼此依赖的装备系统的数字映射系统。

第4层：信息监控层

产业元宇宙的基本特征是虚实融合。通过对物理实体构建"高保真"的数字孪生模型，实现物理模型和数字孪生模型的双向映射。由面向产品的数字孪生、面向车间的数字孪生、面向企业的数字孪生构成覆盖产品全生命周期与全价值链的数字空间，从基础材料、设计、工艺、制造及使用维护全部环节，集成并驱动以统一的模型为核心的产品设计、制造和保障的数字化、数据流。多种数字孪生承载了贯穿系统价值链的作用，用来处理各种数据监控问题，连通产品全生命周期的数字孪生模型，实现整个生命周期相关信息的无缝集成，使产品设计、工艺规划、制造和运维过程中所产生的数据能够连接、追溯和管理。通过产业元宇宙，整个产品生命周期各阶段的关键数据可以实现同步，从而可以动态、实时地管理产品的技术状态，确保在发生变更时，各类产品信息的一致性。

第5层：跟踪分析层

基于产业元宇宙广泛搜集的现实世界的海量数据，在跟踪分析层我们运用大数据分析技术，可以进一步提升决策与控制能力。在此基础上进行分析与优化，从而帮助企业提高产能、提升质量、降低能耗，并消除安全隐患，避免安全事故。工程师们能够用仿真技术对物理世界进行动态预测，根据当前状态，通过物理学规律来计算分析和预测物理对象的未来状态。企业可以利用数字孪生载体与数据分析平台，通过科学预测结果来辅助进行分析决策，使产品能够在虚拟环境下进行快速迭代，改进产品，借助数字孪生模型最终打造出性能优越的实物产品，并构建出高质量、低成本的产品维护服务。

在产品报废、回收后阶段，产品数字孪生所包括的所有模型和数据都将成为同种类型产品组的历史数据，为下一代产品的设计改进和创新、同类型产品的质量分析及预测、基于物理的产品仿真模型和分析模型的优化等提供数据支持。

第6层：模拟自治层

产业元宇宙一定不是公司制的，一定是无数去中心化机构和无数个人共同参与构建的，是分布式的、去中心的、自组织的。产业元宇宙提供沉浸式的数字模拟、环境和事件的开发和操作，用户和企业可以在其中探索、创造、社交和参与各种各样的体验，并从事经济活动。这些业务不同于传统的在线体验和多人视频游戏，因为存在一个由开发者和内容创作者组成的大型生态系统，在底层平台上产生大部分内容或获得大部分收入。

第7层：应用互动层

这一层中有各种各样的应用，用于数字化生存和数字化生产。经济激励模型分为两种：一种是有一套货币系统，产业元宇宙的参与者乐在其中，做出贡献，获得产业元宇宙的权益；另一种是参与者越来越多、参与的时间越来越长，产业元宇宙的价值就越来越高。由此产业元宇宙将彻底改变几乎每一个行业和功能，包括医疗、教育、工业、农业，到电商、消费品等。此外，全新的行业、市场将被创造出来。

产业元宇宙通过数字孪生等技术，构建了一个虚拟世界，并且由虚向实，提升产业的数字化水平、改进生产制造的方式、升级企业管理运营的效率。产业元宇宙不一定必须是3D空间，它可以不是2D或者3D形式，甚至不一定以图形的方式存在，它更多是由内容、时间、应用程序和社交互动构建的，实现虚拟与现实相结合的"飞轮"。

为什么参与建设产业元宇宙很重要？

以产业元宇宙为代表的技术创新趋势正在开启，这一产业创新有望孕育出新的万亿级生态蓝图。产业元宇宙是下一个生态级别的科技主线，有可能成为大多数企

| 产业元宇宙

业的"标配"。具有前瞻性的企业会将主动改变人们价值观念及生活方式为己任，努力参与新生活方式的设计。

像苹果瞄准消费者的"可能需求"研制苹果手机那样，大胆开发实际存在但未被利用和尚未实现的潜在需求，引导大众接受新产品，创造新的生活方式。在产业元宇宙中，典型的先锋如美国科技公司英伟达，其首席执行官黄仁勋透露他们正在创建一个"我们的数字孪生的虚拟世界"。黄仁勋认为，总有一天，每个城市、建筑和工厂都会拥有一个数字复制品，可以"模拟和跟踪它的物理版本"。英伟达早在2020年10月份就推出了面向企业的实时仿真和协作平台Omniverse的测试版，当时就吸引了包括宝马、爱立信、沃尔沃在内的众多公司与之合作，开启了产业元宇宙的征程。

在产业元宇宙时代，消费产品将出现虚实相生的趋势，未来可能很多产品将形成虚拟化、数字化和实体化紧密结合的形态。未来各类产品可能也将出现虚实相生的趋势，消费者可以和产品及企业产生更多的互动，并且更加深入参与到产品的生产周期和生命周期当中。

在元宇宙的背景下，人类的工作模式可能出现较大变化。比如，虚拟协作将成为一个趋势。新冠肺炎疫情期间，国内外很多企业尝试了远程办公，而各类数字化协作工具能够很好地提供身临其境的办公环境，这在工具上为远程办公奠定了基础。

增强现实等工具也可以为远程办公提供一种可能，也许在未来能够通过元宇宙相关技术使得远程工作具有更高的可靠性和效率，从而使得在固定场所工作和远程工作都是组织的可行性选择，固定场所工作和远程工作并行不悖，从而大大减少交通堵塞、能源消耗过高、环境污染等大城市通病现象。产业元宇宙有望成为稳固的经济模式，涵盖工作和娱乐休闲，发展相关的各种产业和市场，例如，金融行业、零售、教育、医疗、工业等领域，都将发生变化。

在这样的预期下，参与建设产业元宇宙的价值是不言而喻的。借鉴互联网的现实写照，虽然没有一家公司拥有互联网产业，但是每家领先的互联网公司都是全球最有价值的科技巨头。产业元宇宙是下一代互联网，它最终将席卷更大的资本投入，获得更大的影响力，并且创造更多的商业价值，当然也将为参与产业元宇宙的建设者们赋予更多的发展机会和回报。各种各样的新公司、新产品和新服务会伴随产业元宇宙的演进而诞生。

如何构建产业元宇宙？

产业元宇宙需要无数的新技术、新协议、新标准、新公司的不断涌现才能逐渐成真。随着时间的推移，产业元宇宙将围绕不同产品、服务和功能的集成和融合而慢慢出现。构建产业元宇宙必须要思考的五个部分是基础设施、标准协议、经济系统、应用生态及安全问题。

第一，产业元宇宙需要"基建狂魔"。虽然一些分析师、投资人和厂商在喊"准备迎接元宇宙"，但是事实上，我们还在漫长的等待。很多"元汁元味"的产业元宇宙体验场景，还远在天边。投资人、分析师马修·鲍尔提到一个现象，那就是现在游戏对于多人同时互动的支持并不强大，《绝地求生》在一个游戏房间里同时容纳100人已经算很优秀了，而很多大型网游的多人实时在线其实是"异步"的。这点很好解释，"团战会卡"足以说明：本地计算能力跟不上了。

在元宇宙的世界里，一两百人的同时房间在线显然不能满足需求，这和真实世界的体验大相径庭。为了解决这个问题，已经有众多企业开始入手布局元宇宙的基础设施，但这仍是一项巨大的计算挑战，不仅是产业元宇宙的挑战，也是互联网演进之旅的挑战。

第二，对于打造元宇宙的经济系统来说，标准协议的经济系统和完整完善的经济系统是其关键因素。标准协议和完整完善的经济系统是产业元宇宙将无数子宇宙"聚沙成塔"的关键要素。类比PC互联网和移动互联网时代的TCP/IP协议和4G、5G标准，产业元宇宙的形成需要一套完整的标准协议，其中包括用户身份、数字资产、社交关系、应用API等方面的一系列通用标准和协议。

标准协议的存在可以使用户以元宇宙下的身份在各大公司旗下的平台（子宇宙）中实现互通，同时用户所持有的数字资产和内容同样需要互通。此外，各个平台之间的API需要实现标准化从而允许数据、交易等信息在各个子宇宙中交换和流通，而这涉及海量的开发工作量。

第三，除了标准协议外，元宇宙需要基于NFT（非同质化代币）模式形成一套将数字信息资产化的机制，并形成能够流通交易的经济系统。NFT、数字货币、现实货币等还需要形成一套完整的支付、兑换、提现等体系。只有形成了完整的标准协议和经济系统，元宇宙才能实现真正意义上的"聚沙成塔"。

假设没有标准协议和经济系统，各个企业所构建的子宇宙之间将是相互割裂的，并不能形成产业元宇宙，而仅仅是一系列高度沉浸的产业互联网平台。标准协议和经济系统的出现则将一系列子宇宙聚合成为一个真正意义上的产业元宇宙，并且这些子宇宙依然保持独立性，只是通过标准协议，才能将交互、经济等接口统一标准化，实现互联互通。

第四，产业元宇宙还需要繁荣的应用和内容生态。还记得元宇宙第一次经历寒冬的原因吗？虽然那时VRML 2.0版本成为ISO国际标准，但是到了1997年人们对VRML的兴趣开始减弱，3D在线的世界因为缺乏应用程序生态，并没有人们预测的那么实用。

就像我们在现实世界中，建造一个能够容纳10万人或者100家商店的新型购物中心一样，空空荡荡的空间并不会自动吸引人流，只有在购物中心汇聚了各种服装店、酒吧、餐厅、电影院、展览厅……人们才会纷至沓来。虚拟世界也是同样的道理，世界上最大的社交网络Facebook，并不是因为宣布要成为一个"社交网络"而成功的，而是因为它率先作为一个校园热点出现，然后变成了大家公认的照片分享和信息服务提供者。与实体世界的购物中心、虚拟世界的社交网络一样，产业元宇宙需要"有人居住"，而不仅仅是"可以住人"，实现这个目标需要大量的参与者共建应用和内容生态。

第五，产业元宇宙从设计之初必须考虑数据可信和隐私保护。产业链上下游为了实现数据的可信共享，必须从数据源头就确保各种形态各异的终端通过统一标准的数据上链存证，最终实现基于可信数据的互联互通。

2022年2月23日，根据《电信终端产业协会标准管理办法》规定，电信终端产业协会TAF批准发布了标准编号为T/TAF 111-2022的《物联网终端可信上链技术要求》团体标准。该团体标准规定了物联网终端可信上链技术要求，包括物联网终端可信上链的总体架构、设备功能要求和安全要求等，有效填补了当前国内物联网终端可信上链技术相关标准的空白。《物联网终端可信上链技术要求》团体标准由中国信息通信研究院、上海摩联信息技术有限公司、微软（中国）有限公司等国内外20家知名企业参与起草，它们对标准的研究和发布做出了重要贡献。

产业元宇宙的4大价值属性

通过对产业元宇宙的架构及构建要素的拆解，尽管行业内对于产业元宇宙的最终形态尚未形成细致的描述，但通过细化其特征我们依然能够确定产业元宇宙的4大核心价值属性。

1. 媒介价值属性

产业元宇宙的价值基础是通过时空再造，重塑人类生产生活关系的链接方式。而建构人类关系的基础设施，不管以什么样的形态存在，其基本属性便是媒介属性。媒介环境学派的代表人物马歇尔·麦克卢汉提出"媒介即人的延伸"，将媒介技术视为"人类身体或感官在社会和心理上的外延"。

产业元宇宙具备对现实世界的镜像性和替代性。在虚实结合大趋势下，信息终端沿着高频交互、拟真两条路线发展，基于VR和AR之上的XR设备在拟真度上的突破将给沉浸式体验带来质的提升。在元宇宙的理想状态下，具身的传播主体离场，技术深度嵌入自然人所造就的"赛博人"将成为元宇宙中主要的传播主体，而"赛博人"本身就是一种媒介形态，作为传播主体的"赛博人"使媒介"不再是外在于人的一个工具或者机构，而是转为身体本身"。元宇宙的一切技术价值、社会价值、经济价值的基础，都来源于其核心的媒介价值属性。

2. 技术价值属性

到2026年，25%的人每天将至少在元宇宙中工作、购物、学习、社交或娱乐一小时。这是市场研究机构Gartner2021年对元宇宙话题做出的最新预测。关于产业元宇宙，Gartner同样给出了预测：到2026年，全球30%的企业机构将拥有用于元宇宙的产品和服务。通过从数字业务转向元宇宙业务，企业将以前所未有的方式扩大和加强其业务模式。

关于什么是元宇宙，Gartner将元宇宙定义为一个由通过虚拟技术增强的物理和数字现实融合而成的集体虚拟共享空间。这个空间具有持久性，能够提供增强沉浸式体验。它独立于设备，因此可通过平板计算机、头戴式显示器等任何类型的设备访问。通过这个定义，我们可以看到在未来生活与技术密不可分，产业元宇宙并不是单纯的某一种技术，而是各种技术的融合与交织。

在大型知识型平台Medium上，人工智能与元宇宙领域的专业人士乔恩·拉多夫发表了关于元宇宙未来趋势的看法，他分别从互联网、代码、区块链、机器智能化等9大方面进行了分析和解释，每个趋势都与技术的发展紧密相关。

3. 社会价值属性

产业元宇宙能突破物理时空的局限性，不仅形成对线下工作关系的替代，基于对虚拟环境和存在的认同，还将对主流的办公模式产生重大变革。

大部分的产业元宇宙版图将基于开源理念构建。开源同时意味着技术开源和平台开源，产业元宇宙通过制定"标准"和"协议"将代码进行不同程度的封装和模块化，不同需求的用户都可以在元宇宙中进行创造，形成原生虚拟世界，不断扩展产业元宇宙边际，形成独特的生态。

就像30年前的互联网时代一样，元宇宙时代的无限可能性将产生更多全新的工作机会（见图4.2）。元宇宙究竟会创造什么样的全新职业？元宇宙科研专家、元宇宙规划师、元宇宙生态系统开发人员、元宇宙安全经理、元宇宙硬件工程师、元宇宙故事讲述者、元宇宙世界建设者、元宇宙广告拦截专家……这些职位正在到来。

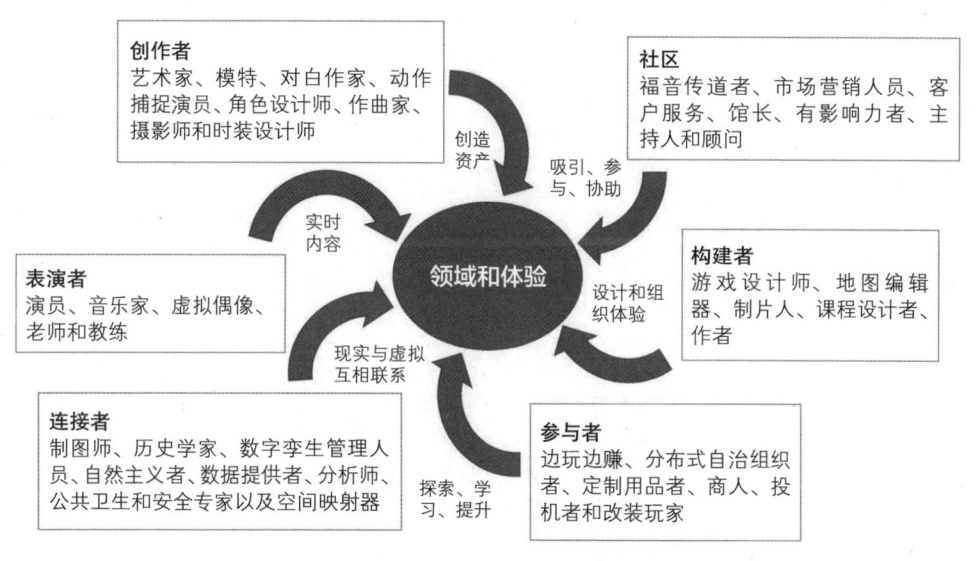

创作者
艺术家、模特、对白作家、动作捕捉演员、角色设计师、作曲家、摄影师和时装设计师

社区
福音传道者、市场营销人员、客户服务、馆长、有影响力者、主持人和顾问

表演者
演员、音乐家、虚拟偶像、老师和教练

构建者
游戏设计师、地图编辑器、制片人、课程设计者、作者

连接者
制图师、历史学家、数字孪生管理人员、自然主义者、数据提供者、分析师、公共卫生和安全专家以及空间映射器

参与者
边玩边赚、分布式自治组织者、定制用品者、商人、投机者和改装玩家

中心：领域和体验
（创造资产、吸引/参与/协助、实时内容、设计和组织体验、现实与虚拟互相联系、探索/学习/提升）

图4.2　元宇宙时代将产生更多全新的工作机会

正是看到了元宇宙的社会价值，2021年年底韩国首尔市政府发布了《元宇宙首尔五年计划》，宣布从2022年起，分三个阶段在经济、文化、旅游、教育、信访等市政府所有业务领域，打造元宇宙行政服务生态。首尔市智慧城市政策官朴钟秀表示，"首尔市政府将结合公共需求和民间技术，开拓元宇宙首尔新大陆，打造男女老少都能享受的元宇宙首尔，使首尔发展成为名副其实的包容性智慧城市。"

4. 经济价值属性

产业元宇宙将拥有独立的经济属性，任何人都可以进行创造、交易，并能"工作"而获得回报，形成与现实生活类似的繁荣经济文化。

数字互联技术构建超可感知的高维虚拟空间，区块链技术支撑的非同质化代币

（NFT）实现经济系统功能，数字孪生技术让人们的生活、生产活动有了平行的世界。用户的生产和工作活动将以平台统一的货币被认可，玩家可以使用货币在平台内消费，也可以通过一定比例置换现实货币。经济系统是驱动产业元宇宙不断前进和发展的引擎。

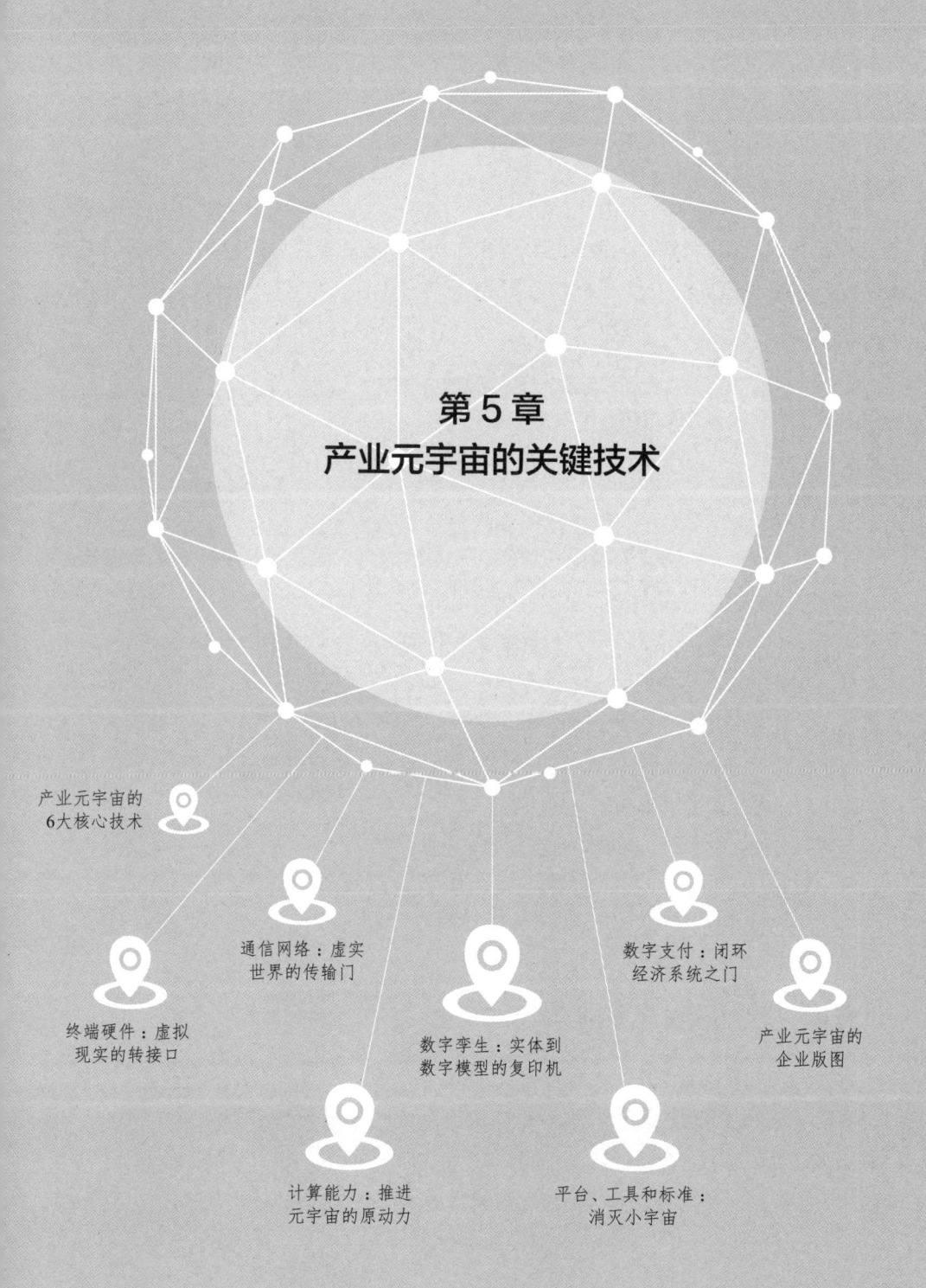

第 5 章
产业元宇宙的关键技术

产业元宇宙的
6大核心技术

通信网络：虚实
世界的传输门

终端硬件：虚拟
现实的转接口

数字孪生：实体到
数字模型的复印机

数字支付：闭环
经济系统之门

产业元宇宙的
企业版图

计算能力：推进
元宇宙的原动力

平台、工具和标准：
消灭小宇宙

| 产业元宇宙

　　为什么多家公司整齐划一地在现在这个时间点，开始谈论元宇宙呢？因为VR虚拟现实、AR增强现实、5G、人工智能、物联网等技术，都在目前发展到了一个可以初步支撑元宇宙应用的状态。回想当初，我们经历过VR的元年，人工智能的元年，但随后却都经历了寒冬，因为当时的技术还无法支撑内容与应用的爆发。产业元宇宙的未来也会经历高潮和低谷，是一个螺旋式上升的过程。分析产业元宇宙的关键技术，我们应该拿掉情绪，无论我们喜欢还是厌恶，高估还是低估，技术的迭代都会一路奔涌向前。

　　不可否认的是，产业元宇宙是一个极为复杂的概念，融合了几乎所有的高新技术，因此"木桶效应"在产业元宇宙中的体现将会非常明显。"木桶效应"对于产业元宇宙来说有利有弊。好处在于产业元宇宙可以同时融合多种最为顶尖的技术，创造凝聚人类智慧结晶的产品。坏处在于产业元宇宙的最终价值在于体验，如果在融合过程中有任意一项技术未达预期，都会对产业元宇宙的实现产生毁灭性的影响。举个例子，如果VR的分辨率发展没有达到预期，或者网络延迟问题迟迟无法解决，那么最终都会无法实现完整版的产业元宇宙。

↗ 产业元宇宙的6大核心技术

　　罗马不是一天建成的。产业元宇宙基础设施的建设需要有领跑者，例如，Meta、英伟达、微软、Unity等，也需要有投资方和倡导者，其中代表性的人物是知名投资人、分析师马修·鲍尔，他提出了基本构成元宇宙的主要框架。针对产业元宇宙的核心技术，这里在鲍尔的基础上进行了调整，其6大核心技术（见图5.1）包括内容如下。

- 终端硬件：虚拟现实的交汇点；
- 通信网络：正在向元宇宙演进；
- 计算能力：推进元宇宙的"燃料"；
- 数字孪生：不可或缺的"登山杖"；
- 平台、工具和标准：消灭小宇宙；
- 数字支付：闭环经济系统之门。

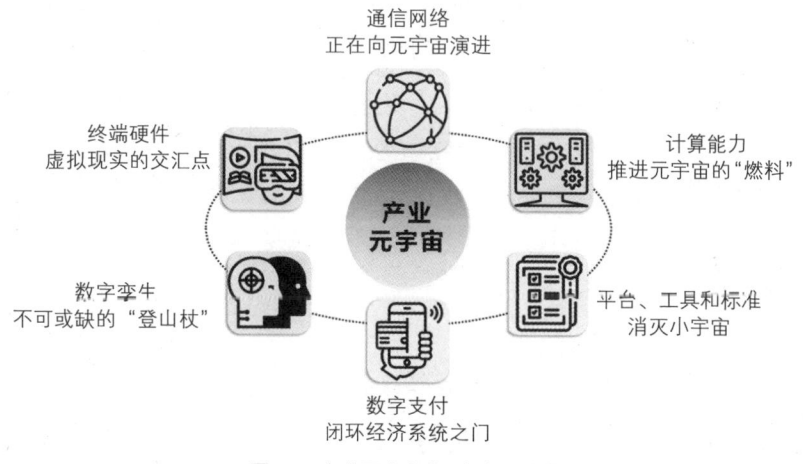

图5.1 产业元宇宙的6大核心技术

1. 终端硬件

硬件可以分为消费端硬件和非消费端硬件。①消费端硬件：这部分如手机、手表、VR耳机和VR眼镜等。这些硬件在不断的发展中朝着更好、更强大的传感器、更高性能的电池、更清晰的屏幕、更多样和更灵敏的触觉及更清楚的摄像头等方向发展，其本质就是为了提高用户的沉浸感。但要达到完整版本的元宇宙设备，提升空间还很大，比如说人类的视觉范围可达210°，但VR眼镜范围只有100°左右。②非消费端硬件：在创建元宇宙的时候，会不可避免地去"复刻"现实世界的场景，那么工业级别的工业相机、投影和跟踪系统及扫描传感器等就派上用场了，它以远超人眼的能力以更精细的方式去捕捉各种建筑场景等。此外，包括但不限于GPU芯片和服务器，以及特定于网络的硬件，例如，光纤电缆或无线芯片组等。

2. 通信网络

这里的网络定义为由主供应商、网络、交换中心和在它们之间路由的服务及管理"最后一公里"数据给消费者的服务提供持久的、实时的连接、高带宽和分布式的数据传输。其中，带宽、延迟和可靠性是三个最重要的指标。①带宽：单位时间内可以传输的数据量。②延迟：数据从一个点传输到另一个点并返回所需的时间。③可靠性：这是一个整体的指标，取决于整体的服务质量。用高速公路形容这三个指标，带宽好比车道的数量，车道的数量越多，可以同时行驶的车辆数量也就越多。延迟好比高速的收费站，使用ETC可以提升通行效率，延迟时间远远小于人工审核时间。如果通行的车辆数量巨大，那么这点时间差就会被放大到难以接受的地步。可靠性取决于高速公路团队的整体运营状况，如果公路某个路段地面不平，及时的修缮能够带来很高的可靠性，而放任不管的公路可靠性无疑很差。

3. 计算能力

计算能力将是元宇宙一切行为的"燃料"，无论是物理计算、渲染、数据协调和同步、人工智能、投影、动作捕捉和翻译等多样化和苛刻的功能，计算都是必不可少的。比如将触觉传感器的信号转化成元宇宙相应的动作，那么其中复杂的转换就需要计算能力的参与。元宇宙将拥有人类历史上最大的持续计算需求，计算能力将决定元宇宙规模的上限，因为计算能力不足的话，几万人同时在线的元宇宙只可能是天方夜谭。毕竟现在所有种类的计算资源都很稀缺，CPU如此，更别说被深度学习御用的GPU。因此，分布式计算、云计算、隐私计算和边缘计算等，还有很长的路要走。

4. 数字孪生

任何物理实体都可以创建其数字孪生模型，一个零件、一个部件、一个产品、一台设备、一条生产线、一个车间、一座工厂、一个建筑、一座城市,乃至一颗心脏等。对于不同的物理实体,其数字孪生模型的用途和侧重点差异很大,但其共同特点是对物理对象建立高保真度的数字孪生模型,通过传感器和物联网实现物理对象和数字孪生模型的双向映射,再对数字孪生模型进行可视化和仿真分析,优化其对应的物理对象的性能和运行状态,诊断和预测可能出现的故障,提升运行绩效。数字孪生技术的应用场景横跨了其物理对象的设计、制造、运营服务到报废、回收、再利用的全生命周期。

数字孪生囊括了产品全生命周期、全要素、全过程的数字化描述,即以现实产品的整个生命周期为对象进行映射,使产品孪生模型成为现实产品在虚拟环境中全生命周期的另一条产品生命线。值得一提的是,在这条产品生命线跟随现实产品的产生直至消亡之后,产品的数字孪生模型并不会因现实产品的消亡而终止其存在的意义,反而会继续将现实产品的生命在虚拟环境中延续下去,成为下一代产品诞生的知识积淀。因此,只有当产品全生命周期的数据与信息流实现闭合与循环,才能将产品及产品族的发展历程完整地保存下来,并可以随时随地、清晰明了地展现出来,成为企业宝贵的财富。

5. 平台、工具和标准

这与现在的各种产业互联网平台非常相似,不同的地方主要在于规模,产业元宇宙的虚拟平台包含数量更为巨大的开发者和内容生产者。成功的标志是平台会产生良性循环,更好的技术和工具可以带来更好的体验,这会带来更多用户,意味着可以获得更多平台利润,通过它可以产生更好的技术和工具,以及通过创造者、开发者获得更大的利润、更好的体验,从而吸引更多的开发者和更多的用户等。

如何形成具有共识的工具和标准无疑是非常重要的,不然未来就会产生多个"小宇宙",而每个"小宇宙"的标准可能不尽相同,甚至区别很大,那么这两者之间进行交互就会产生巨大的困难。

6. 数字支付

对数字支付流程、平台和运营的支持,需要纯数字货币和金融服务的法定入口，包括加密货币，例如，比特币、以太坊和其他区块链技术。元宇宙作为移动互联网的继承者，又被定位为人类休闲、劳动和生存的平台。这一愿景的成功取决于元宇宙是否拥有繁荣的经济。那么现实生活存在的经济活动在元宇宙中也同样存在：企业竞争和不断的颠覆/替代循环、大量盈利企业（尤其是中小型企业）、资本流动、强劲的消费者支出。提到支付就不得不提到区块链，区块链仿佛是为了元宇宙而产生的。简单来说，它具有去中心化（中介产生的额外费用）、透明（每笔交易透明公开）、不可篡改、可溯源机制、效率高、可长期保存等优点。

在本章随后的部分，我们将对这6大核心技术进行详细讨论。

终端硬件：虚拟现实的转接口

经历元宇宙相关概念的"狂轰乱炸"，相信我们对AR这项技术不会陌生，它将虚拟信息和现实世界巧妙融合，通过对计算机生成的文字、图像、模型等信息进行模拟仿真，映射和应用到真实世界，使两种信息互为补充，从而完成对现实世界的信息"增强"。AR这把通往产业元宇宙大门的"钥匙"之一，也曾经历潮起潮落。从2020年开始，AR逐步蓄势爆发，尤其在2022年，预计AR将迈入蓬勃发展阶段。

一份最新的分析报告尤其引人瞩目。根据方舟资本的预测（见图5.2），到2030年AR的市场规模将从10亿美元扩大至超过1300亿美元。方舟资本认为，在初期面向消费者的AR体验承载于智能手机之上，而在今后10～20年内，AR的重要载体是头戴设备。根据预测，2022年年底将有大批消费级AR头显设备上市，这些设备或将引发可穿戴计算平台的蓬勃发展。到2030年，AR将深刻变革人们的工作、购物、交互和娱乐体验，AR的整体市场规模也将迎来指数级提升。

第 5 章 产业元宇宙的关键技术

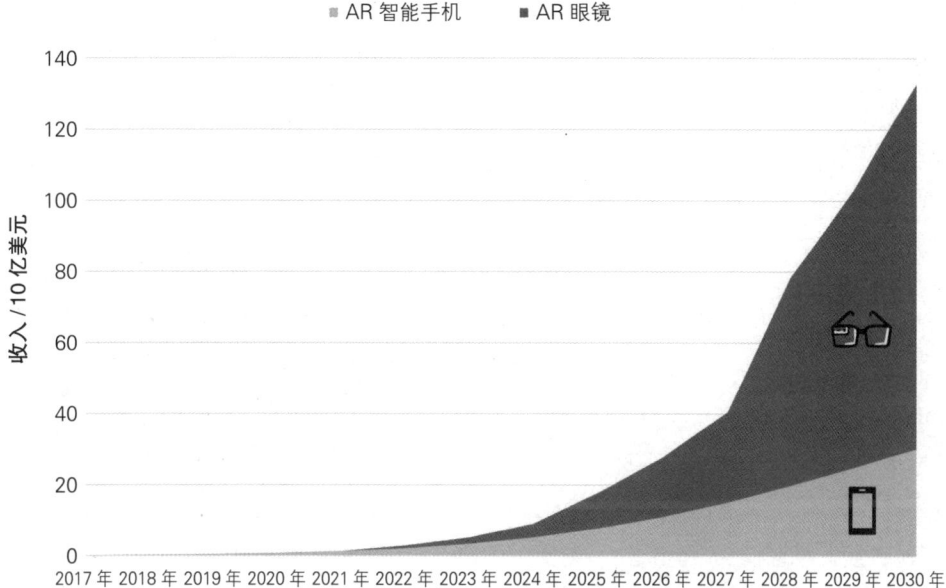

图5.2 方舟资本对增强现实市场规模的预测

方舟资本并不是唯——家给予AR激进预测的机构。根据IDC估计，2021年虽然售出了不到100万台AR眼镜和头戴设备，但到2025年，预计AR设备销量将增长到2340万台，也就是说，5年达到2000%的增长幅度，其中2B企业客户将贡献总销量的85%左右。

在产业元宇宙中，AR是虚与实的交汇点之一。不过AR的诞生先于元宇宙，最早可以追溯到20世纪50年代。令人记忆犹新的是10年前，即2012年，社交媒体、广告新闻、期刊上到处是谷歌推出AR眼镜的消息，甚至英国王储查尔斯都成了这款黑科技产品的"代言人"，《时代》周刊更是将其评选为当年最具创新的产品之一。然而，仅仅在两年后，谷歌AR眼镜项目就被暂停，并登上美国《技术评论》杂志的科技界失败项目榜单。这一轮AR热潮再起，虽然难免令人有种"狼又来了"的质疑，但是这一次AR终于化羽成蝶，具备了跨越鸿沟、走上康庄大道的必备条件。

到底具备了哪些条件呢？这里我们得立足于更大视野来观察，将VR、AR、MR视为一个整体。VR虚拟现实、AR增强现实和MR混合现实等多种技术，可以统称为

065

| 产业元宇宙

XR扩展现实（Extended Reality）。根据《2021年全球VR/AR行业年度发展报告》统计，2021年全球AR出货量为57万台，较2020年增长44%，如果将VR一起纳入考虑，则已超越1000万台量级，这是行业公认的"奇点"。当下XR的发展阶段，可类比智能手机产业苹果iPhone上市前夕的行业拐点阶段。随着产业链和技术的不断发展，内容应用逐步繁荣，生态参与者加速入局，整个产业元宇宙生态羽翼正在持续丰满。

XR上游的供应链核心部件通过数年的攻坚战，取得了突破性的进展，批量装机和大规模出货在即。精确传感、动作跟踪、3D光学成像、专业视觉计算芯片，以及XR操作系统和计算平台都在逐步成熟。5G、Wi-Fi等基础网络通信能力提升，也在为XR做进一步的准备。内容层面借助云平台和便捷的开发工具，开发者可以更高效地生产丰富的XR应用内容。加之新冠肺炎疫情发生以来，越来越多的企业开展"云办公""线上经营""远程监控""无接触生产"，消费者的娱乐需求也日益旺盛。这些都为XR创造了得天独厚的市场环境，预示着2022年XR或将迎来高光之年。

虽然AR和VR往往同时被提及，两者都能带来虚拟世界的体验，它们都是感官扩展技术，但实现路径存在较大差异（见图5.3）。VR是利用设备模拟一个虚拟世界，利用计算机生成一种模拟环境，强调用户与虚拟世界的实时交互，带来封闭式、沉浸式的虚拟世界体验；而AR则借助计算机图形技术和可视化技术产生真实世界中不存在的虚拟对象，并将虚拟对象准确"放置"在真实世界中，使用户处于真实世界与虚拟世界的交融中，带来感知效果更丰富的环境体验。

	VR	AR
技术原理	通过计算机技术产生的电子信号，将其与各种输出设备结合，使其转化为能够让人们感受到的现象	计算机基于对现实世界的理解绘制虚拟图像，显示方面强调与现实交互
终端形态	头显设备、定位追踪设备、动作捕捉设备、交互设备等	借助摄像头或成像设备实现与现实的交互、AR眼镜等
体验特点	封闭式、沉浸式体验，用户与虚拟世界实时交互	增强现实体验，用户处于现实与虚拟界的交融之中

资料来源：德勤研究与分析

图5.3 VR与AR的区别

当然AR和VR也有相同点,其中之一便是它们都曾历经坎坷。"VR"一词第一次火起来也是在2012年,与谷歌发布AR眼镜的时间几乎重叠。当时有两家厂商推出了头戴式的VR设备,一个是当时不为人知的Oculus,另一个是手机企业HTC。那一年被不少媒体称为"VR元年"。2014年,Oculus被曾经的Facebook以30亿美元收购,又掀起了一轮VR小高潮,2016年达到投资高点,群雄逐鹿,好不热闹。但是,看似蓬勃发展的VR,结果就终止在热热闹闹的阶段。在2017年,行业投资明显衰减。之后的几年,没有一家VR创业的企业在这个行业赢得丰厚的利润。

整体上看,VR在2012年开始,经历了4年的热捧,之后又经历了4年的低谷,2020年新冠肺炎疫情肆虐为VR带来了曙光,目前VR逐步走出谷底,即将迎来5~10年的稳定增长阶段。与VR类似,AR此前并未能引发巨浪,而是形成了4个不同的发展阶段,即移动AR软件阶段、移动AR硬件阶段、捆绑式AR眼镜阶段,以及独立AR眼镜阶段。

- 移动AR软件阶段:在标准智能手机、平板计算机上使用的AR软件,比如苹果的ARKit等。

- 移动AR硬件阶段:专用的智能手机、平板计算机AR硬件和软件,如谷歌Tango智能手机。

- 捆绑式AR眼镜阶段:需要与智能手机、平板计算机或PC主机绑定的AR硬件,如Nreal Light AR眼镜。

- 独立AR眼镜阶段:无须绑定主机的AR硬件,比如微软的HoloLens。

虽然AR的技术要求比VR更复杂,涉及与真实环境的融合、传感器和数据的融合等技术,但是业界普遍认为AR技术的适用场景也更广泛,AR将比VR会更快地实现商业化落地,收入规模也将大于VR。

根据IDC统计,2020年全球AR/VR出货量约为630万台,VR、AR终端出货量占比分别为90%、10%。预估2024年终端出货量将超过7500万台,VR、AR成长率分别为56%、188%,AR增速强劲。即便VR现在的出货量远远领先于AR,但AR终端出货量有望在2023年正式超车VR。随着5G技术及5G网络的发展赋能更多的应用场景，人工智能技术和计算视觉的融合驱动，行业玩家的创新硬件功能驱动，VR、AR技术和应用也呈现融合互通趋势，MR、XR等概念应运而生。

最终2C端和2B端各行各业结合起来，是XR增长的完美结局，如果仅从近期来看，2B端为XR的主流生态，XR的增长将主要由2B端的应用带动。从2B端起步，或是以2B端反哺2C端，是XR企业近几年的生存之道。2B端应用方面，XR能否有应用前景要看三个方面：①XR解决方案能否场景化、产品化，具备可复制性；②能否真正解决痛点问题，而非伪装需求；③场景市场空间是否足够大，从而支撑技术开发。

工业领域，XR已经成为基于工业互联网、物联网平台实现数字孪生的核心技术之一。比如工业软件巨头PTC公司已经将其在产品设计、PLM领域积累的核心优势，整合至内部XR平台，依托开放生态中的平台软件，推出以数字化映射为基础的整体框架和整套解决方案。数字孪生帮助PTC在虚拟空间中构建出与物理世界完全对等的数字镜像，通过收集产品研发、生产制造、商业推广等维度的数据并进行分析，为下一步的产品设计、生产工艺、市场投放等关键环节打下基础。这些场景中XR的应用需求非常清晰，界定相对明确，下面是几个具体例子。

- 员工培训：借助XR技术，可以将企业中熟练工人的既有知识经验和技能固化下来，成为行动准则和模板，从而对新员工进行培训。

- XR巡检：相较于人工巡检，XR巡检可为现场人员提供丰富的可视化内容，让后台数据前置到业务一线。

- 故障诊断：现场设备的复杂度日益提高，对维修人员的操作提出了新挑战，这时利用XR技术可以为维修人员提供贴身指导。

- 质量检验：XR技术用来进行质检项目的实时显示，可以将实时信息以可视化的形式展现在工人眼前，并提示可能的原因。操作员可以进行拍照、标注、记录取证，上传到后台。

- 协作研发：XR可以推进跨地域的协作研发，比如多个工程师利用XR技术在三维空间内共同开发新产品。

- **辅助配送**：员工佩戴XR眼镜后可以通过对货物的二维码、条码、标签、文数字OCR等进行识别，匹配对应的货物信息。
- **产品演示**：XR可以用于产品结构展示与装配训练，使受训人员熟练掌握设备的结构信息和装配技能，节省了传统演示与训练中昂贵的成本并避免事故的发生。

XR在医疗领域也将发挥巨大的潜力。如在手术操作训练中，XR技术可以通过显示、触感、力反馈等设备，使接受培训的医生沉浸在虚拟场景中，进行手术操作和练习，体验真实的临床手术过程，可以有效提高医生诊断病情和制定治疗方案的能力，同时能够大幅降低传统培训中的器材、标本等成本。此外，XR在远程医疗、诊疗技术提升等方面也将发挥重要作用，改善医疗资源不均的问题。

XR在行业中的多点开花为从业者注入了强心剂，虽然多数产品仍然难以达到稳定的盈利水平，但是也摆脱了过去完全依赖于投资者的局面，形成了有力的造血来源。未来随着C端用户数量的不断提升、B端应用开发的越发丰富，将加速XR在下游应用的发展。

虽然元宇宙是当下的热点概念，XR设备是产业元宇宙的重要入口之一，但是这一轮XR的快速增长由上下游产业链和内容生态逐步成熟所助推，而并非由元宇宙带火，反而是XR在2B端的应用将推进产业元宇宙的发展进程。

通信网络：虚实世界的传输门

产业元宇宙所涉及的新技术中，无线通信技术是必不可少的。5G技术毫无疑问将被纳入元宇宙技术体系中，针对虚实结合VR、AR、MR、数字孪生等形态，5G无线通信技术的进步为其打下了一定基础。当前5G对元宇宙的支持并非已经就绪,而是根据场景需求不断演进。可以说,5G正向元宇宙演进,6G是为元宇宙而生。

产业元宇宙对无线通信提出要求,成为5G标准演进的重要方向。产业元宇宙中多个要素的实现需要通信技术的进步,尤其是沉浸感、低延迟、随时随地这三个要素,对于无线通信网络提出较高要求,在高性能通信网络加持下,才能提升虚拟空间中的研发、巡检、质检、操作等场景体验。具体来说,沉浸感要求虚拟世界具备对现实世界的替代性,通过VR、AR、MR等设备打开虚拟世界大门,并打破虚拟和现实的屏障,让人们在元宇宙中实现沉浸式体验。沉浸感的实现需要设备性能的提升,而设备和云端或边缘之间的通信需要通过无线形式实现,也就是对当前5G网络提出明确要求。产业元宇宙要求高同步低延迟,用户从而可以获得实时、流畅的完美体验,而现实和虚拟世界之间的镜像或孪生通过通信网络实现同步,这一要素也正是5G的重要特点。5G极可靠低延迟通信uRLLC场景对于空口时延要求达到毫秒级,在空口侧能够基本满足产业元宇宙低延迟要求。随时随地要求人们在未来能实现摆脱时空限制,随时随地进入元宇宙的愿景。要实现这一愿景,不仅各类产业元宇宙终端设备要具备随时随地携带的特点,还要具备随时随地接入网络的特点,这也和无线通信向着空天地一体化发展的愿景吻合,给产业元宇宙各类应用场景提供随时随地接入的能力。

5G标准的演进已考虑到产业元宇宙的特殊需求,通过提升多个方面性能及满足更多行业场景,满足业界对无线通信的需求。产业元宇宙广泛的场景和多样化技术融合,使5G标准演进中大部分内容对产业元宇宙形成支撑,大带宽、低时延、高可靠、低功耗、大连接等都是产业元宇宙所需要的能力。值得关注的是,5G标准演进对很多细分领域做了大量研究和标准化工作,从一定程度上解决了产业元宇宙的一些具体问题,其中最为典型的是5G标准对XR的专门研究和标准化工作,直接面对的是虚实相融世界的多个痛点。

5G标准中对XR的研究始于2019年,在2019年12月9日至12日期间,3GPP RAN第86次全会在西班牙召开,3GPP标准专家对5G演进标准R17进行了规划和布局,围绕"网络智慧化、能力精细化、业务外延化"三大方向共设立23个标准立项。其中，高通牵头提出了基于5G NR支持XR的评估研究项目，是R17中新增的"从0到1"新研究的项目。XR指的是扩展现实，其中包括AR、VR和MR，这正是产业元宇宙虚实融合的核心交互界面。XR作为新兴业务，要求在支持低时延、高可靠的同时保证大带宽，这对5G网络提出了新的挑战，运营商需要联合产业寻求更多的网络优化手段，以保证运营商网络具备大规模支撑XR的能力。5G采用边缘计算，让云端的计算、存储能力和内容更接近用户侧，使网络时延更低，用户体验更极致，使能AR、VR和MR等应用。

同时，得益于5G低时延、大带宽能力，终端侧的计算能力还可以上移到边缘云，使得VR头盔等终端更轻量化、更省电、成本更低。这种"轻终端+宽管道+边缘云"的模式将降低昂贵的终端门槛，摆脱有线的束缚，从而推动XR应用普及。R17将评估这种"边缘云+轻量化终端"的分布式架构，并优化网络时延、处理能力和功耗等。3GPP在R17中提出的5G NR支持XR的评估研究项目，在2021年12月已形成一份技术报告。

在这份长达270多页的技术报告中，3GPP的专家全面研究了5G对XR支持的多个方面，包括在5G NR环境下，AR、VR、MR的容量、功耗、覆盖、移动性等性能的评估，并在不同流量模型和无线电频谱范围条件下各种性能的评估。2021年12月，3GPP R18确定了第一批立项，在这些立项中，我们又看到了XR的身影，即"XR Enhancements for NR"的课题，在这一课题中，重点研究的是无线接入网侧XR业务感知、XR相关节能技术及XR相关的容量提升技术。

除了无线接入工作组外，3GPP SA1相关工作组也牵头完成了增强多媒体和触感网络的工作，主要针对的应用场景是沉浸式VR、远程控制和机器人协作。根据中国移动标准专家的介绍，5G R18开始加强针对XR业务的网络策略控制，目标是实现满足业务需求的超低时延、低抖动、服务质量控制和多流协同。未来将走向元宇宙阶段，推动人机交互、数字孪生的应用。XR增强的课题是R18最重要的研究方向之一，这一项目在3GPP第94次全会排序中名列第一，获得国内外83家公司的支持。主要的研究方向包括支持XR及触感业务（如手、肘、膝等多部位）的多流协同传输，增强网络开放，针对XR服务和媒体服务传输进行服务质量保证和策略增强，流量模式进行增强，网络需要得到终端电量，从而调整网络向终端发包的大小和频率，以保证端到端的体验。其中，针对XR的业务体验，3GPP在R18启动了新兴沉浸式媒体、XR服务、媒体分发增强的研究，主要考虑XR业务端到端的体验，并提出相应的研究方向。此前，华为提出5.5G愿景，其中RTBC（宽带实时交互）方向面向XR、全息进行研究，也是3GPP R18中XR增强的重要输入内容。

6G时代，无线通信"为元宇宙而生"。元宇宙成熟是一个长期演进的过程，与其相伴的是无线通信技术的长期演进。5G并不能完全满足元宇宙对无线通信的需求，未来6G时代，无线通信将在很大程度上针对元宇宙的愿景形成底层数字底座。2021年6月，IMT2030（6G）推进组发布了《6G总体愿景与潜在关键技术白皮书》，这一白皮书对6G的应用场景进行了系统阐述，提出面向2030年及未来，6G网络将助力实现真实物理世界与虚拟数字世界的深度融合，构建万物智联、数字孪生的全新世界，主要包括以下场景：

- 沉浸式云XR；
- 全息通信；
- 感官互联；
- 智慧交互；
- 通信感知；
- 普惠智能；
- 数字孪生；
- 全域覆盖。

可以看出，6G满足的大部分场景正是元宇宙规划的未来场景，这些场景也提出了全面超越5G的通信性能要求，需要6G确定升级的标准来满足，6G似乎已经成为"为元宇宙而生"的技术。以沉浸式云XR为例，前述白皮书提到，面向2030年及未来，网络及XR终端能力的提升将推动XR技术进入全面沉浸化时代。云化XR系统将与新一代网络、云计算、大数据、人工智能等技术相结合，赋能商业、工业生产、文化娱乐、教育培训、医疗健康等领域进入元宇宙场景。而云化XR系统将实现用户和环境的语音交互、手势交互、头部交互、眼球交互等复杂业务，需要在相对确定的系统环境下，满足超低时延与超高带宽才能为用户带来的极致体验。现有的云化VR系统对头动响应时延的要求不高于20ms，而现有端到端时延则达到了70ms。面向2030年及未来，基于云化XR的总时延将至少低于10ms。

再以全息通信为例，未来的全息信息传递将通过自然逼真的视觉还原，实现人、物及其周边环境的三维动态交互，极大满足人类对于人与人、人与物、人与环境之间的沟通需求。而全息通信将对信息通信系统提出更高要求，前述白皮书提到，在实现大尺寸、高分辨率的全息显示方面，实时交互需要峰值吞吐量约为150Gbps，按照压缩比100计算，平均吞吐量需求约为1.5 Gbps。由于用户在全方位、多角度的全息交互中需要同时承载上千个并发数据流，由此推断用户吞吐量则需要至少达到Tbps量级。

其他场景也都对通信技术提出极高要求，如智慧交互要实现情感思维的互通互动，传输时延要小于1ms，用户体验速率将大于10Gbps，可靠性在很多情况下甚至要达到99.99999%；数字孪生要实现物理世界的数字镜像，需要网络拥有万亿级的设备连接能力并满足亚毫秒级的时延要求，以及Tbps量级的传输速率，以保证精准的建模和仿真验证的数据量要求。面对这些要求，未来6G通过内生智能新型网络、增强型空口技术、新型物理维度无线传输技术、太赫兹、空天地一体化等技术，实现无线网络能力的显著提升，这也正是未来元宇宙场景实现的核心底层技术。

计算能力：推进元宇宙的原动力

现实生活中，一切都需要依靠电力来驱动，而计算能力在元宇宙中也起到了类似的作用，它是元宇宙一切行为的"燃料"。产业元宇宙是一个需要三维呈现的虚拟世界，其中的物理计算、渲染、人工智能、动作捕捉、触觉反馈、数据传输等都需要大量的算力支持。在元宇宙的世界里，如果没有算力，元宇宙只能是镜花水月。

然而为了支撑产业元宇宙的发展，当前的计算能力明显不足。在科技巨头英特尔发布的第一个关于元宇宙的声明中，就表示虽然它们看好元宇宙的可能性，但算力这个关键问题还没有解决。"元宇宙可能是继互联网之后的下一个主要计算平台。"英特尔高级副总裁兼加速计算系统部门负责人称，"我们今天的计算、存储和网络基础设施根本不足以实现这一愿景，我们目前的计算能力需要再提高1000倍。"

产业元宇宙的未来将依托庞大的计算机和服务器集群来运行巨大的共享虚拟世界，英特尔在这一点上拥有很多的现实经验，他们认为今天的计算机不够强大，无法实现元宇宙，甚至还差得很远，这不无道理。英特尔并不认为仅靠硬件就能让我们达到1000倍的算力，标准的摩尔定律曲线只能让我们在未来5年内实现约8倍或10倍的增长。反而是算法和软件的改进将弥补硬件的差距。

在软件和算法的辅助之外，产业元宇宙也将带来计算部署方式的结构性变革：一是，产业应用需要对产生的超高并发的海量非结构化数据进行实时处理和分析，传统以CPU为核心的计算架构将无法满足需求；二是，产业应用往往对延时性要求很高，受限于网络技术发展及网络带宽成本，需要通过边缘侧部署来填补短板。因此，围绕智能计算的"云—边—端"协同模式将成为产业元宇宙计算升级的主要趋势。

算力支撑着产业元宇宙中虚拟内容的创作与体验，内容生成的方式也正在逐步演进（参见图5.4）。以算力为支撑的AI技术能够辅助用户创作，生成更加丰富真实的内容。构建元宇宙最大的挑战之一是如何创建足够的高质量内容，专业创作的成本高得惊人，而用户原创内容UGC平台也会面临质量难以保证的困难。为此，内容创作的下一个重大发展将是转向人工智能辅助人类创作。虽然今天只有少数人可以成为创作者，但这种人工智能补充模型将使内容创作完全民主化。在人工智能工具的帮助下，每个人都可以成为创作者，这些工具可以将高级指令转换为生产结果，完成众所周知的编码、绘图、动画制作等繁重工作。

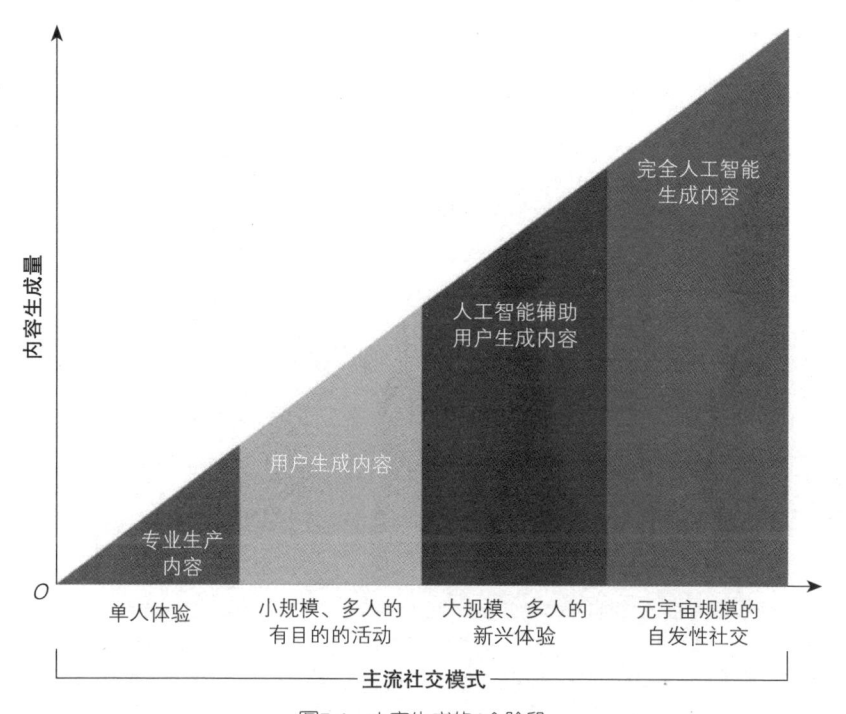

图5.4 内容生成的4个阶段

数字孪生：实体到数字模型的复印机

谈起产业元宇宙，51WORLD公司副总经理李竹青认为，如果将产业元宇宙比作是一座高峰，那么数字孪生就是不可或缺的"登山杖"。关于产业元宇宙，51WORLD很有发言权。这是一家数字孪生平台公司，已经在虚拟世界构建了上海的完整数字孪生。没错，他们为中国最大的经济中心之——上海创建了数字孪生，包括为东方明珠电视塔和上海中心大厦在内的20多个地标建筑分别建立模型，并使用来自卫星、无人机和传感器的数据，通过算法生成了建筑、道路、河道和绿地的数字化版本。最终51WORLD计划将这套模型升级为以接近于实时的更新速度，跟踪时光持续动态变化，具有"鲜活生命"的数字孪生。

| 产业元宇宙

西门子（中国）有限公司执行副总裁王海滨也提出："其实在没发明或者没创造元宇宙这个词之前，西门子一直在做的数字孪生，就和元宇宙有着异曲同工的妙意。"

如今在流行的元宇宙畅想中，人们想象着平行于真实世界的数字化生活。在元宇宙中并存的现实世界和虚拟世界，两个世界如何建立关联？数字孪生无疑是最佳纽带。数字孪生与来自各种物联网设备的实时数据相连，能够镜像、分析和预测物理对象的行为。虽然关于元宇宙与数字孪生的讨论在游戏和互联网领域最多，但事实上，产业元宇宙中的数字孪生已经被应用多年，也离我们更近。

数字孪生，最早可以追溯到早期的太空项目。当时，美国国家航空航天局制造模型来监测和修正航天器。例如，在航天器的风洞实验中，研究人员使用传感器创建其飞行环境的数字孪生，再使用这些数据模型，优化航天器的物理布局，监控物理数据变化。《经济学人》预测，从工厂到汽车，万事万物都将拥有数字孪生体。

既然数字孪生是连接虚拟与现实的纽带，也是构建元宇宙的基础，那么简单易用、低成本的数字孪生应用，自然会在产业元宇宙时代拔得头筹。

按照应用对象划分，如图5.5所示，数字孪生主要面向最终用户和OEM两个类型的群体。

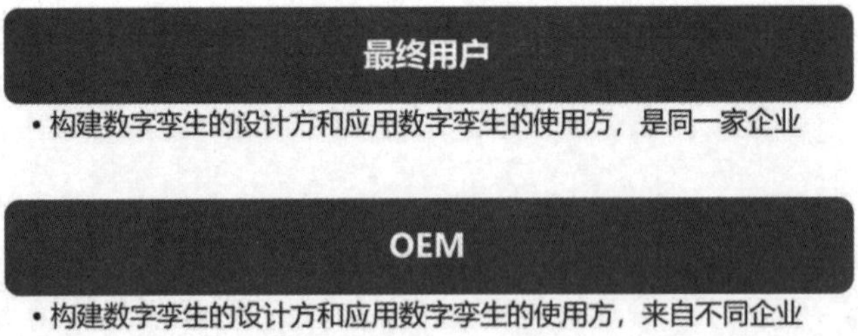

最终用户
- 构建数字孪生的设计方和应用数字孪生的使用方，是同一家企业

OEM
- 构建数字孪生的设计方和应用数字孪生的使用方，来自不同企业

图5.5 数字孪生的应用对象

- 对应于最终用户的数字孪生，构建数字孪生的设计方和应用数字孪生的使用方，是同一家企业。

- 对应用于OEM的数字孪生，构建数字孪生的设计方和应用数字孪生的使用方,来自不同企业。

那么如何使用数字孪生登顶产业元宇宙?提到数字孪生,必然离不开数字线程(Digital Thread)这一概念。数字线程是指利用先进建模和仿真工具构建的,覆盖产品全生命周期与全价值链,从基础材料、设计、工艺、制造及使用维护全部环节,集成并驱动以统一的模型为核心的产品设计、制造和保障的数字化数据流。数字线程承载了贯穿系统价值链的作用,用来处理数字孪生有关的数据问题,连通产品全生命周期的数字孪生模型,实现整个生命周期相关信息的无缝集成,使产品设计、工艺规划、制造和运维过程中所产生的数据能够链接、追溯和管理。

通过数字线程,整个产品生命周期各阶段的关键数据可以实现同步,从而可以动态、实时地管理产品的技术状态,确保在发生变更时各类产品信息的一致性。从数字孪生到数字线程,我们看到了数据维度的丰富,也看到了一个自我改进、敏捷和互联的供应链,如何进行实时通信和操作。

登顶产业元宇宙,数字孪生还需要继续进化。在产业元宇宙中,设计服务提供者和最终用户将发挥重要作用。最终用户未必知道自己想要什么,需要具备设计能力的专业人士,提供设计服务,提高设计质量的一致性,降低设计的风险。这时用户体验和设计创新将会成为一个新的维度融入数字孪生,令产业元宇宙实现知识的传承,让个性化、高端服务的规模化成为可能。

产业元宇宙的发展过程就是不断丰富数据的维度,避免信息盲区的过程(见图5.6)。任何系统中都存在可见与不可见的问题。数据维度的增加,可以让我们更好地解决不可见的问题。

电影《萨利机长》改编自全美航空1549号航班的真实迫降事件。在遇到飞机两台发动机同时熄火后,萨利机长把飞机迫降在了哈德逊河河面上,这个举措让机上155名乘客和机组人员全部获救。但是,在事后调查的过程中,他的急救决策却遭到了质疑,调查组有人指出,根据模拟分析,飞机拥有

图5.6 数字孪生不断丰富数据的维度

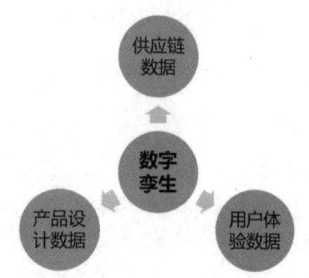

足够的时间降落备降机场而不是河面上。萨利机长查看模型方案后提出，这个模型没有考虑到"人的延迟反应时间"这一维度。于是经过调查组探讨，加上了一定的反应延迟时间，重新进行了多次分析，得到的结论一致，即飞机坠毁。因此，调查结果最终认定机长的决策虽然具有一定的危险性，但却是正确的决策。

使用数字孪生登顶产业元宇宙，需要为企业构建更全面、实时的数据洞察维度。就像在这个飞机迫降事件中，萨利机长凭借丰富的经验，提出了数据维度的缺失，识别了不可见的问题。因此数字孪生通过开放的、分布式的协作方式，构建更完善的模型，以达到全面的、实时的数据洞察目的。但是在更多场景中，都有信息盲区的存在，管理者无法掌控全局，缺少将隐形问题显性化的手段。利用数字孪生这个"登山杖"，我们可以更好地发现不可见的问题，最终登上产业元宇宙的高峰。

平台、工具和标准：消灭小宇宙

平台就是每个使用它的人的经济价值，超过了创造它的公司的价值。关于平台商业模式的演变，《平台战略》一书从平台角度将商业组织分成了三类平台：单边平台、双边平台和多边平台。

单边平台是电气化时代最典型的模式，追求的是规模效应。双边平台是信息时代的产物，能给商业带来网络效应。进入智能时代，在一系列数字技术的加持下，我们正在从"双边平台"走向"多边平台"，参与者非常广泛。多边平台最后能达成的商业效果是一种生态。从规模效应叠加到网络效应，最后叠加成为生态效应，真正的生态效应才是能够生生不息、延绵不绝的，才是最富有生命力的商业业态。

通过平台的演进，产业元宇宙将会重构数字时代的生产力、生产资料和生产关系。数据是主要的生产资料，计算能力是新的生产力，平台将会构建新的生产关系，三者相互促进。

在构建新型生产关系的过程中，标准的作用尤为重要。回首互联网和移动互联网的发展，虽然任何一个商业体系的成功背后都有很多偶然性，但是它们显然做对了某些事情。

从图5.7可以看出，互联网和移动互联网分别在1990年和2005年前后迎来了快速暴发期，而且穿越经济波动，丝毫未受影响。

突破性通信技术/服务，即便在停工期间也能突出重围
美国采用的技术（以人口渗透率测量）

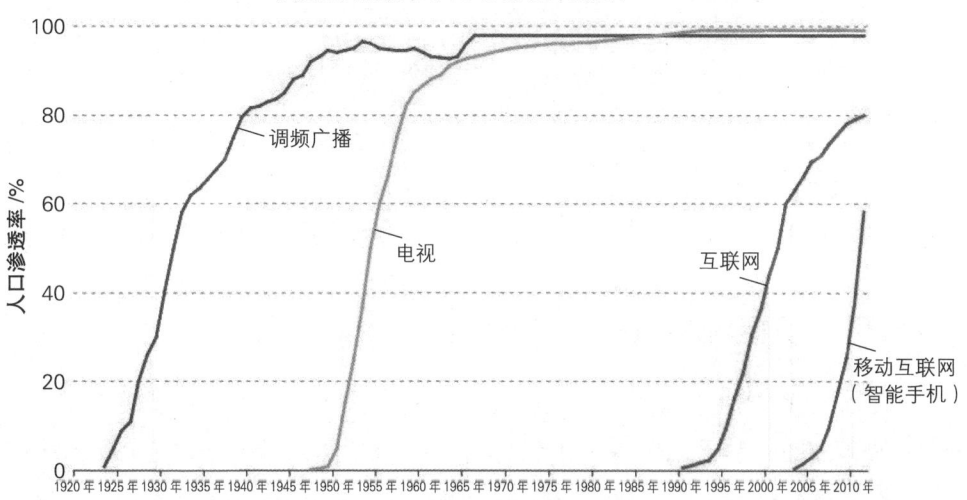

资料来源：广播和有线的广播渗透率数据年鉴、世界银行/国际电信联盟的互联网渗透率数据、摩根斯坦利研究的移动互联网（智能手机）数据；英富曼集团的3G数据

图5.7　广播、电视、互联网、移动互联网的发展历程（1920—2010年）

1990年和2005年这两年前后分别发生了什么事情？1989年，互联网中的主机数超过10万大关。1991年，伯纳斯·李发布了一篇有关万维网（WWW）项目的短文，被认为是因特网公共服务的初次亮相。万维网我们都知道，它用链接的方法，方便地从因特网上的一个站点访问另一个站点，从而主动地按需获取丰富的信息。从此互联网迅速进入腾飞期，万维网的整个发展过程只能用一个词来形容：惊人。互联网服务提供商（ISP）生态快速出现，一年之内互联网的主机数翻了3倍。1993年全世界只有几个网站，到1998年就有了几百万网络的规模，每6个月翻一番。

| 产业元宇宙

其实，万维网是"果"，TCP/IP是"因"。TCP/IP建立了一个统一的通信规则，让此前碎片化的网络Usenet、BITNet、FidoNet……彼此之间的通信成为可能。可以说TCP/IP的出现，让具有特定用途和特点的网络彼此互通，构成了全世界各种网络的大集合，为互联网生态的发展创造了前提条件。

再看移动互联网。2005年前后，市场上开始出现3G服务。此后的故事我们亲身经历，移动互联网迎来暴发期。同样，3G只是后话，它的序章是2G移动通信协议。1G开天辟地，群雄割据，经过一段时间的发展，世界范围内的多家运营商意识到，通信协议继续混乱的局面行不通，只有遵守相同的标准，彼此互通才对大家都有利。基于这样的共识，他们联合起来形成了电信标准化协会。进入2G时代，五花八门的通信协议NMT、AMPS、TACS、C-450等逐步归于一统。各标准组织之间虽仍有竞争，但合作与融合逐渐成为主题。

基于TCP/IP和2G构筑的标准"底座"，在1990和2005年之后，互联网和移动互联网相继完成了从线性增长到指数增长的速度切换，进入由内容和应用带动硬件设备销售、由拉力而非推力促进产业发展的良性循环。

一个新的领域想要实现繁荣，我们就要创建尽可能多的新平台、新技术和新企业，以便建立新生态。在第2章"什么不是产业元宇宙"这个小节，我们提到产业元宇宙的特征之一是只有一个元宇宙。这就意味着，如果产业元宇宙变得碎片化，形成多个产业小宇宙的话，那么它们不仅不是产业元宇宙，而且会陷入自我拖累的循环。

与互联网时代、移动互联网时代有所不同，产业元宇宙的架构涉及7层，因此产业元宇宙的标准所需要涵盖的部分，不仅涉及通信，还包括平台、应用和内容。我们需要建立的是一个充分互联互通的解决方案生态系统，在不同的、甚至竞争的平台之间能够无缝连接、自由互通和交换用户的信息、数据和资产。平台、工具和标准作为产业元宇宙的骨骼框架，支撑起元宇宙运行体系，将前期各个不同体系下的小宇宙融合为一体，从真正意义上消灭小宇宙。

数字支付：闭环经济系统之门

在元宇宙生态中，闭环经济系统是构建虚拟世界的基石。正如现实社会中，经济与贸易的发展始于货币的流通和生产资料所有权的确认，虚拟世界中闭环经济系统的成立，也离不开线上虚拟资产的流通和确权。数字支付作为产业元宇宙经济体的循环系统，将促进数字产品高效、安全流动，倍增数字产品价值。

目前，以NFT（非同质化代币）为代表的区块链技术已被用于游戏道具等数字资产的确权，同时可使其通过公开平台进行流动交易。近期，NFT技术在游戏、艺术收藏等领域商业化成果初现。未来，区块链技术有望成为元宇宙中闭环经济系统的"心脏"。

NFT是一种可交易的资产，可以在区块链上跟踪谁拥有某一数字物品——比如一件艺术品或电子游戏角色。NFT 2021年进入了主流意识，成为继加密货币后又一种热门的虚拟资产。2021年3月，数字艺术家迈克·温克尔曼（艺名Beeple）的一副NFT画作以6934万美元的价格售出，创下了虚拟艺术品拍卖成交价记录。根据NFT数据公司Nonfungible.com与法巴银行旗下研究公司联合发布的报告，2021年全球NFT交易额达到176亿美元，相较2020年的8200万美元飙升了21000%。

受到新冠肺炎疫情的影响，元宇宙很可能将成为稳固的经济模式，涵盖工作和娱乐休闲，发展已久的各种产业和市场，例如，金融银行业、零售、教育、卫生，甚至是成人娱乐等领域，都将出现变化。

另外一个很明显的趋势是，新冠肺炎疫情前后虽然2C端和2B端的总体支出变化波动性较小，但是在支付的方式上，非接触式的物联网支付占比有明显提升。当设备检测到库存不足时，可以实现自动补货。比如，有些冰箱能够自动订购食物，打印机学会了主动购买纸张和墨盒。随着物联网支付功能的扩展，很多企业抓住机遇扩展新业务。这些物联网支付企业并不满足于仅作为支付通道，纷纷尝试不同的支付和计费方式，逐步强化了在支付过程中的话语权。

无论是"人与物"还是"物与物"之间，都可能存在着支付与交易。只要是物

产业元宇宙

品或者服务的"所有权"或"使用权"发生变化，就会伴随着支付活动的发生。根据图5.8中的分类，数字支付可以被分为4个象限：物联网支付、在线支付、面对面支付和重复性支付。这4个象限根据实时和非实时，机器驱动和人类驱动进行划分。

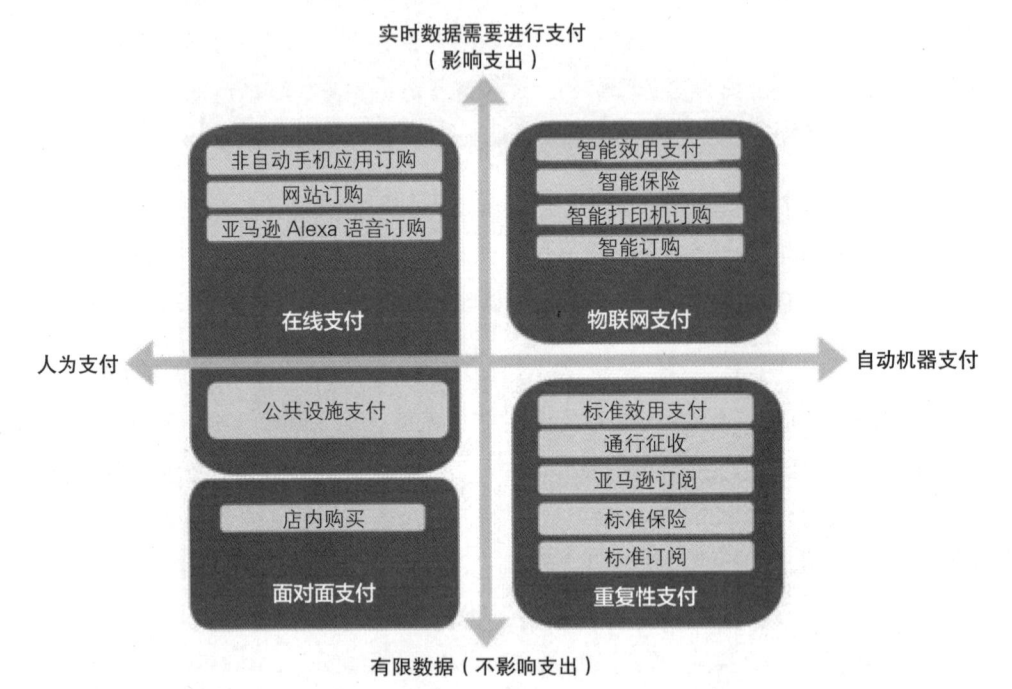

```
                    实时数据需要进行支付
                       （影响支出）

        ┌─────────────────────┐  ┌─────────────────────┐
        │  非自动手机应用订购   │  │    智能效用支付      │
        │      网站订购        │  │    智能保险          │
        │  亚马逊 Alexa 语音订购│  │    智能打印机订购    │
        │                     │  │    智能订购          │
人为支付 │       在线支付       │  │      物联网支付      │ 自动机器支付
        └─────────────────────┘  └─────────────────────┘
        ┌─────────────────────┐  ┌─────────────────────┐
        │    公共设施支付      │  │    标准效用支付      │
        │                     │  │    通行征收          │
        │                     │  │    亚马逊订阅        │
        │      店内购买        │  │    标准保险          │
        │                     │  │    标准订阅          │
        │      面对面支付      │  │      重复性支付      │
        └─────────────────────┘  └─────────────────────┘

                    有限数据（不影响支出）
```

资料来源：墨卡托资讯集团

图5.8 数字支付的4个象限

根据统计，物联网支付在2019年增长了15%，并且被诸多世界500强企业作为重要的战略计划之一，已经达到了相当的市场规模。首屈一指的推进物联网支付的产业是汽车，包括新能源汽车，以及医疗诊断设备，交易规模为39亿美元；第二大使用物联网支付的领域是打印机、计算机及其制造业，交易额为12.4亿美元；消费电子及其制造业，是第三大推进物联网支付的领域，2019年的交易额为5.85亿美元。

从支付的角度来看，从过去的现金社会到当下的无现金社会，未来还将会出现新的支付方式，数字货币的出现将会对行业产生重要影响。很多物联网行业的参与者正在从数字货币体系、支付方式、加密技术、区块链等角度思考行业的未来发展机遇。

过去，支付的完成就意味着交易的终止。现在，支付的完成意味着一个新的起点。物联网支付与5G、大数据、人工智能等技术相结合，将会衍生出数据采集、运营管理、会员管理、金融服务等一系列逐层递进的服务场景。

产业元宇宙的企业版图

产业元宇宙的科技大军已经启程，多家机构纷纷发布了元宇宙图谱，图5.9、图5.10仅是一些代表。

图5.9 元宇宙产业图谱（一）

虽然图谱已经产生，但是产业元宇宙的格局远未定型，有可能持续发生裂变。举个例子，芯片和云平台两个看似毫不相关的领域，正在发生融合。

随着产业元宇宙的热浪呼啸而来，强化了人们对于芯片与计算无处不在的共同想象。因此，芯片和云平台两个领域很可能会彼此交融、演进发展，出现一类新的企业，权且将它们称为"芯片+计算"超级企业。这类企业将同时具备"芯片设计"

和"计算平台"的综合能力，两个部分整合将更加有利于风险控制和扩大营收（见图5.11）。

超过90家企业创建了元宇宙

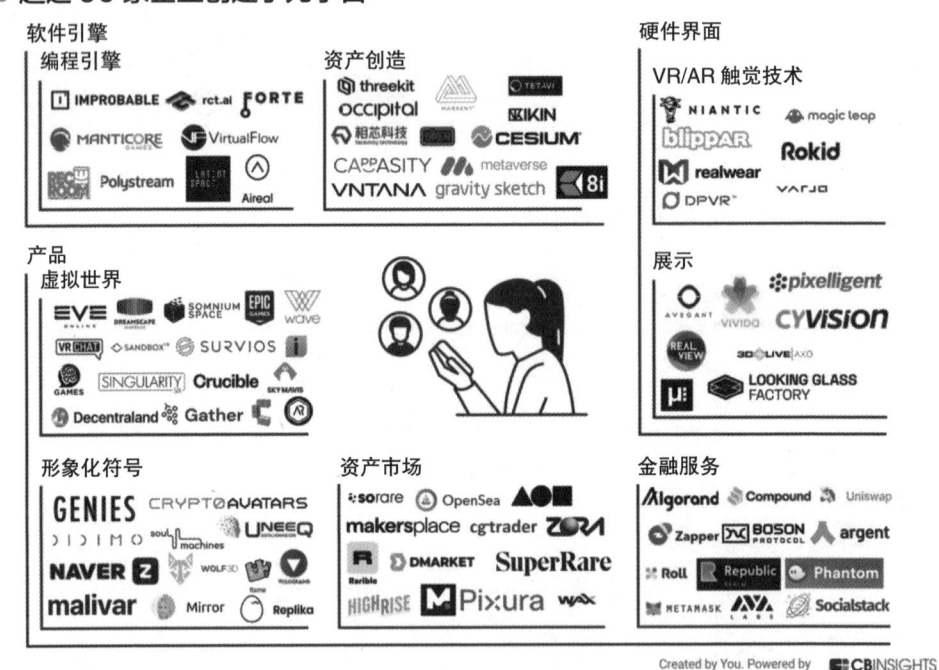

图5.10 元宇宙产业图谱（二）

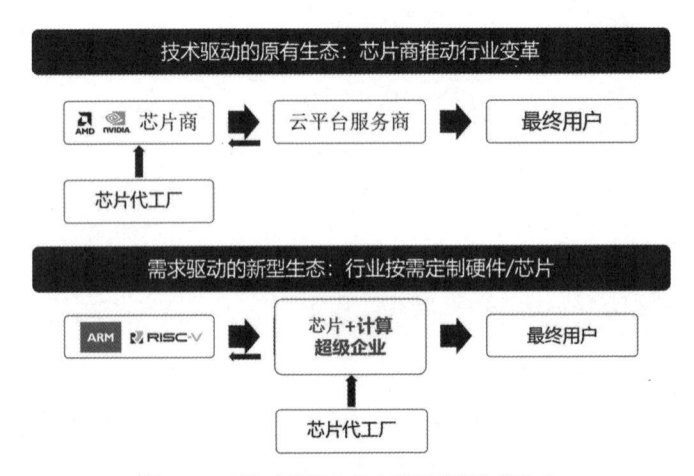

图5.11 从技术驱动的生态到需求驱动的生态

在"缺芯"和新冠肺炎疫情暴发之前，一些云平台企业已经看到过渡依赖于芯片商的供应并不利于长期良性发展。由于造芯流程集中于两种模式，第一种模式为以英特尔为代表的垂直集成模式，集芯片的设计、制造与封测为一体；以及英伟达、AMD等为代表的垂直分工模式，这些企业仅负责芯片设计，制造业务外包给台积电、三星等代工厂。第二种模式让云平台企业有机会跳过芯片设计企业，直接入局打造自己的芯片。

过去，云平台企业从芯片商那里采购芯片，芯片商要么自己制造，要么将制造外包给代工厂，买卖各方的关系非常固定和明确。现在云平台企业越来越不愿意将自己独特的需求和对应用场景的理解，直接分享给芯片商，而是通过自研或定制的方式，结合软/硬件打造专属生态。云计算也已经超过IT基础设施的范畴，向上定义软件应用服务，向下定义芯片、服务器等硬件。

搭载通用芯片的云服务器在实际的应用中，势必会造成性能的一部分浪费。因此相当一部分的服务器都要进行针对性的优化，或者需要进行部分配件的调整与革新，这就需要投入大量的人力、精力和财力，造成资源的浪费。因此云平台企业可精简不必要的功能，降低能耗和计算成本，进而将这些红利释放给云端用户。

鼓捣芯片并非易事，既大量烧钱，又难短期见效。云平台企业即便资本雄厚，也难为无米之炊，此时ARM和RISC-V在产业链中的重要性逐步凸显。

虽然现在云平台企业仍旧需要从传统芯片商那里采购芯片，但与此同时这些企业也开起了一条新的链路：跳过芯片设计商，基于ARM或者RISC-V架构定制自己的专用芯片，然后委托代工厂生产制造。芯片到底由谁来制造并不重要，核心在于根据需求定义出产品，并且实现打通从系统需求、芯片设计到生产制造的全链条。伴随着这种变化，台积电和三星等代工厂也乐于扩大自己的客户群，从云平台企业直接获得订单。

伴随着产业链流程的变化，生产关系和话语权也在微妙的调整中。过去，所有的硬件都是这样的流程设计出来的，即芯片商设计芯片→云平台企业→最终用户。硬件基于给定的芯片完成，云平台无法改变芯片设计，只能选择购买与否。现在，

| 产业元宇宙

话语权和决策权越来越多地倾斜到云平台企业手中，由用户的需求反向推动技术的迭代，更深入地推进产业升级。云平台企业一个芯片项目的成败，并不意味着企业大战略的成败，关键在于对差异化需求的把握，服务于整体生态。

围绕"造芯"的硬件创新已成为云厂商的必争之地，除国外云厂商外，国内阿里巴巴、百度、腾讯等也已纷纷布局，用于提高自身云平台的性能或者调优服务来满足特定需求和用途。另一股势力，如边缘计算领域的企业也有充足的财力、人力，争夺造芯制高点。

"芯片+计算"超级企业，已经初现端倪，未来或将引发更为深远的产业链变化，产业元宇宙的版图也将持续演进。

第 6 章
产业元宇宙的安全可信至关重要

- 元宇宙安全本质是数字安全
- 产业元宇宙的风险加剧
- 安全问题是元宇宙第一隐忧
- 从物联网安全到可信元宇宙
- 可信元宇宙的体系结构
- 可信元宇宙作为切入点的领域
- 可信元宇宙的技术壁垒很高
- 可信元宇宙需要各方共同聚力

产业元宇宙

马斯洛将人的需求分为五个层次,即生理、安全、社交需要、尊重和自我实现。在马斯洛看来,人类价值体系存在两类不同的需要,一类是沿生物谱系上升方向逐渐变弱的本能或冲动,称为低级需要和生理需要;另一类是随生物进化而逐渐显现的潜能或需要,称为高级需要。人类潜藏着这五种不同层次的需要,但在不同的时期表现出来的各种需要的迫切程度也是不同的。人最迫切的需要才是激励人行动的主要原因和动力。人的需要从外部获得的满足感逐渐向内在获得的满足感转化。

人们对安全的需要是最基本的本能需求之一。这是人类要求保障自身安全、摆脱事业和丧失财产威胁、避免职业病的侵袭、接受严格的监督等方面的需要。马斯洛认为,整个有机体是一个追求安全的机制,人的感受器官、效应器官、智能和其他能量主要是寻求安全的工具,甚至可以把科学和人生观都看成满足安全需要的一部分。

2020年中国数字经济规模达到39.2万亿元,占GDP比重的38.6%,同比名义增长9.7%,对经济的拉动和影响均不容小觑。伴随着产业元宇宙时代到来的,人们对于安全的需求并未减弱,而是与日俱增。360集团创始人、董事长周鸿祎将2022年称为"数字安全元年",这是2021年一系列内外因素、国家和行业变局引发的。

2021年上半年,国内互联网企业在赴美上市中频频受到安全审查。再加上后疫情时代,社会表现出了对网络的空前依赖:防疫需要大数据流调,出行要出示健康码,个人居家办公需要远程会议等产业互联网应用场景的推广突然被提速。2022年"数字安全元年"之后人类将迈入"大安全时代",未来的数字化安全不仅包括数据安全,也涵盖人工智能安全、物联网安全、云安全、通信安全和大数据安全。

元宇宙安全本质是数字安全

元宇宙概念大火的背后，是以相关技术日益走向成熟作为支撑的。但这也意味着，元宇宙的发展所面临的安全隐患可能会变得更加突出、更加复杂。元宇宙中具体存在的安全问题包括以下几个方面。

1. 技术漏洞

除了我们熟悉的普通网络钓鱼、恶意软件和黑客攻击，由于其基础架构，元宇宙可能会带来全新的网络犯罪。元宇宙采用的技术集成模式令其可能蕴藏更多的设计缺陷或漏洞。这些漏洞既有可能破坏系统本身的正常运行，也有可能被攻击者所利用。

例如，5G技术作为实现元宇宙的网络基础设施，实现了通信和计算的融合，基于大数据、人工智能的网络运维降低了人为差错，提高了网络安全的防御水平。不过，5G的虚拟化和软件定义能力及协议的互联网化、开放化也带来了新的安全挑战，很有可能给网络带来更多的攻击。

物联网中的通信方式主要采用无线通信，以及大量使用电子标签和无人值守的设备进行通信，不过，由于成本、性能等方面的限制，使得物联网所使用的大部分终端属于弱终端，极易遭到非法入侵。这些技术遇到的问题，同样也有可能是元宇宙未来要面临的问题。

2. 数据风险

元宇宙作为一个虚拟空间，需要对用户的身份属性、行为路径、社会关系、财产资源、所处场景等信息进行深度挖掘及实时同步。显然，元宇宙收集的个人数据的数量及种类丰富程度将是前所未有的，而这些数据在元宇宙中可能被盗用或被滥用。

3. 硬件攻击

元宇宙依赖硬件。元宇宙以外部数字设备为中心，如虚拟现实耳机，如果不加以保护，很容易成为黑客攻击的目标。通过这些头戴设备或任何未来肯定会推出的

产业元宇宙

可穿戴设备获取的数据本质上是非常敏感的。数据落入不法之徒手中，很容易成为网络罪犯的讹诈威胁的导火索。此外，当人类和企业组织不仅生活在现实世界中，而且还生活在元宇宙中时，知识产权可能更难被保护。

值得注意的是，在元宇宙中，伤害一家公司并不像在网上留下负面评论那么简单。由于多层增强或虚拟现实隐藏了攻击者的真实身份，遭受盗窃或骚扰的受害者很难或者不可能诉诸法律。

为满足监管要求和行业网络安全保障需求，国家相关主管部门加大了对重点行业网络安全政策和资金扶持力度，工业控制安全行业蓬勃发展。为行业量身定做的、具有实际效果的安全解决方案得到更多认可，如电网等较早开展工业控制安全的行业，已逐步从合规性需求向效果性需求转变。除外围安全监测与防护，核心软/硬件的本体安全和供应链安全日益得到重视。

2021年7月工信部发布的《网络安全产业高质量发展三年行动计划（2021—2023年）（征求意见稿）》明确指出，到2023年，网络安全产业规模超过2500亿元，年复合增长率超过15%。一批网络安全关键核心技术实现突破，达到先进水平。新兴技术与网络安全融合创新明显加快，网络安全产品、服务创新能力进一步增强。

《2021年中国网络安全产业分析报告》显示，2019年我国网络安全市场规模已经达到478亿元，同比增长21.5%；2020年，我国网络安全市场规模再度涨到532亿元，虽然受新冠肺炎疫情影响增速有所放缓，但增长率仍然达到了两位数。过去10年间，我国网络安全产业资本化进程明显加快，目前市场发展已迈入稳健增长期。

↗ 产业元宇宙的风险加剧

产业元宇宙中的风险可能会以多种方式加剧。根据数字空间的管理方式，在一个更具侵入性的多模态环境中存在意外的接触风险。今天，如果我们不认识或不想接触的人通过消息、加好友或以其他方式尝试在社交平台上与我们联系，他们的联系能力大多仅限于基于文本的消息、照片、表情符号等。

虚拟世界的VR社交由于具备高度的沉浸感，骚扰问题变得更加严重。想象一下，一个不受欢迎的人能够进入某人的虚拟空间并与元宇宙中的那个人"近距离接触"。如果没有强大的机制来实时报告、预防和采取行动，可能会导致各种意外行为。借助触觉技术（许多公司正在努力将触觉作为一种额外的感觉融入身临其境的虚拟现实之中），虚拟世界中的伤害风险会让人感觉更加"真实"，而不再是简单的"牵强附会"。

例如，许多研究者正在致力于触觉手套的开发，旨在提供触觉反馈，能够为任何运动提供更为精确和真实的感觉。当然，这可以在虚拟环境中创造更好的现实感并增强联系，但也有可能被坏人滥用，而其可能的"作恶方式"我们还没能完全理解。

2021年12月，Meta正式开放了其元宇宙平台"Horizon Worlds"。据报道，在"Horizon Worlds"测试期间，一名女性测试者报告了一件非常令人不安的事情——她在虚拟世界里遭到了性骚扰。这名测试者称，有一个陌生人试图在广场上"摸"自己的虚拟角色。她写道，"这种（不适的）感觉比在互联网上被骚扰更为强烈"。而此事件被媒体报道为元宇宙中的首例性骚扰事件。

为此，2022年2月，Meta推出了一项新功能，目的是减少虚拟现实中的骚扰和攻击。这项功能为社交应用中的虚拟人物设置了一个四英尺的隐形"个人边界"，以防止其他人靠得太近。同年2月，微软也宣布为了提高安全性，将移除AltspaceVR托管的所有社交中心，并要求用户使用微软账户登录这个VR社交应用。

其实骚扰和攻击的问题在网络和虚拟现实中早已存在。非营利组织"打击数字仇恨中心"（Center for Digital Hate）2021年12月的报告称，研究人员在社交应用VRChat中11.5小时的用户活动记录期间，发现了100项潜在的违反规定的行为，包括性骚扰和虐待。

还有证据表明，黑客攻击不再是"孤狼"作战，而是"团伙"行为。一些黑客正在组建团队或企业，共享战术、信息和基础设施，研发勒索软件，以扩大领土并

| 产业元宇宙

建立领导地位。这些黑客企业往往瞄准的是产业界的大型"猎物",他们已经从网络攻击中赚取了数十亿美元,而且高额利润正在诱惑更多黑客加入。

我们对产业元宇宙的已知部分很少,大部分仍为未知,在这种情况下,"安全"掌握着元宇宙的发展命脉。如果不能解决安全和隐私的保障问题,产业元宇宙的发展很可能受到很大的阻碍。就像月亮有暗面,产业元宇宙也有暗面(见图6.1)。

图6.1 产业元宇宙的暗面

安全问题是元宇宙第一隐忧

如今密集的各种安全漏洞和活生生的攻击事件已日渐白热化了。随着关系民生的信息基础设施的不断升级,在智能化改造的过程中,会使用越来越多的物联网设备和网络。全球移动通信系统协会(GSMA)的统计数据显示,2010—2020年全球物联网设备数量高速增长,复合年均增长率达19%。根据预测,2025年全球物联网设备(包括蜂窝及非蜂窝)联网数量将达到246亿个。

第6章 产业元宇宙的安全可信至关重要

新冠肺炎疫情期间，黑客们发起网络攻击，很多团伙将远程办公场景作为攻击目标，干扰了部分企业的数字化转型进程，给企业带来了新的焦虑和不确定性。每一次的攻击都可能造成万级设备的沦陷，覆盖面之广、损害之深也是原来的互联网攻击所无法企及的，不在同一个量级。

从2010年开始至今，每一年都有大规模的、杀伤力强的产业级安全事件发生，致使各行各业的安全问题备受关注。根据工业网络安全公司Claroty发布的最新调查，围绕IT、OT和信息系统发生的风险和漏洞与2018年相比，增长了110%。

黑客攻击不再仅局限于IT网络、计算机和手机，而是已经针对物联网甚至在它之上的基础设施的攻击，具备了对实体产业造成攻击的能力。典型的例子如2021年2月发生的美国佛罗里达州水厂的投毒事件，Oldsmar水处理厂成为黑客网络攻击的目标，攻击者试图采用技术手段对该地区15000人的供水系统投毒。

2021年春天，网络犯罪集团对美国最大的燃料管道发起了勒索软件攻击，目标是一条运输美国东海岸45%燃料供应的管道，它维系着从得克萨斯州一直到新泽西各州的共同生活命脉。这是美国最大的输油管道，每天要为美国人输送超过1亿加仑的燃料，大概相当于250万桶。因遭受攻击，5500千米的输油管道不得不全面暂时关闭。

2022年3月，知名公司PTC的Axeda软件被披露了多达7项安全漏洞，统称为"Access:7"，可能会影响100多家不同制造商的150多种设备，从而构成重大的供应链风险。

根据Claroty的研究，风险的防范过程越来越复杂，漏洞遍布各处，其中OT漏洞占比为66%，物联网（IoT）漏洞占比为9%，IT漏洞占比为17%，医疗物联网（IoMT）漏洞占比为8%。安全问题不再是单纯的IT、OT（运管技术）、IoT安全问题，而是更加复杂的混合安全问题。

2021年一共被检测到的漏洞有1439个，涵盖工业自动化、智能制造、智慧医疗等领域，固件和软件的漏洞均有，相比2020年明显提升。其中，西门子、施耐德、台达、三菱等公司的产品均有漏洞被检测到。这些漏洞中有87%的复杂度较低，非常容易被攻克，63%的漏洞与远程控制相关，53%的漏洞使攻击者有可能遥控设备。

另一份来自非营利性组织XR协会（XR Association）的调研结果也显示，消费者隐私和数据安全是阻碍沉浸式技术发展的第一要素，如图6.2所示，2019年和2020年分别有61%和49%的受访者表示对这一风险非常担忧。

> **在开发沉浸式技术或内容时，你的公司需要注意以下哪些法律风险？（多选）**

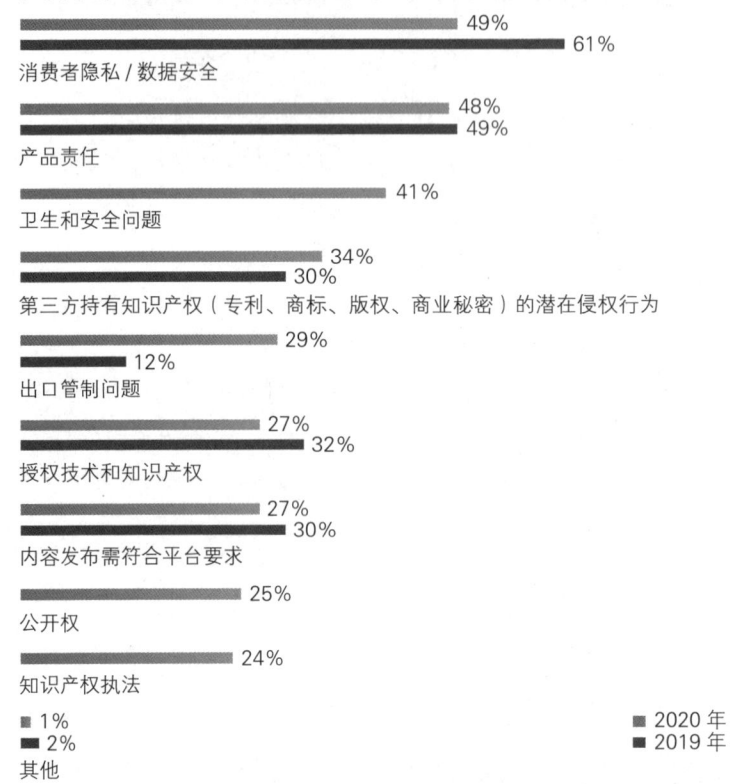

法律风险	2020年	2019年
消费者隐私/数据安全	49%	61%
产品责任	48%	49%
卫生和安全问题	41%	—
第三方持有知识产权（专利、商标、版权、商业秘密）的潜在侵权行为	34%	30%
出口管制问题	29%	12%
授权技术和知识产权	27%	32%
内容发布需符合平台要求	27%	30%
公开权	25%	—
知识产权执法	24%	—
其他	1%	2%

图6.2 隐私和安全是阻碍沉浸式技术发展的第一要素

我们拥有最好的网络和安全工具，但是用户数据的保护和隐私仍然存在各种问题，这对矛盾不断在此消彼长的动态中试图寻找平衡。新冠肺炎疫情让数字化转型的进程得以加速，产业元宇宙的发展又进一步采集了用户的生物特征信息和个人敏感数据，虚拟世界如何更好地治理和通过法律法规约束用户的不法行为也是一个新的课题，这些因素的叠加，让产业元宇宙的暗面诡秘莫测。

从物联网安全到可信元宇宙

安全之于个人消费者，意味着能够安心地使用互联设备而不担心隐私受到侵犯；安全之于企业终端用户，意味着免于遭受由于黑客攻击而带来的不可估量的损失；安全之于物联网服务供应商，意味着更值得信赖的产品和解决方案。安全可以说是再怎么重视都不为过，然而现实情况却是，各行各业对于安全的重视程度还远远不够。

现代企业的运营往往横跨信息技术（IT）和运营技术（OT）的基础设施，通常涵盖成千上万的设备，且这些设备越来越多地通过工业物联网（IIoT）互联，安全问题也就变得异常复杂。普遍认为OT安全是网络空间安全的一部分，是IoT安全的一个子集，与IT安全有交集，但也有很大的差异。IT安全与OT安全的差异如表6.1所示。

表6.1　IT安全与OT安全的差异

	IT 安全	OT 安全
不同的更新频率	IT系统需要经常修复、升级、替换	OT系统可能数年甚至数十年未做更新
不同的性能要求	最新的性能最优的软/硬件	稳定、可靠，并且能够长期运行的软/硬件
不同的可靠性要求	可以允许短暂服务中断	长期稳定运行，避免计划外停机
不同的访问控制	相对宽松的访问控制	访问级别可以根据每个人的需求进行限制
专用网络、系统和程序	办公室网络往往按部门划分，采用标准以太网协议	专用网络和程序，通信方式是常规的和可预测的
不同的安全机制	使用加密与身份验证	加密与验证在某些场合反而形成安全阻碍，拖慢紧急响应
不同的风险管理目标	重要信息不被泄露	以牺牲灵活性为代价来增强安全性，保证稳定运行

而OT安全是IoT安全的一部分，IoT安全还需要综合考虑企业物联网（EIoT）安全、IIoT系统与设备安全，以及工业控制系统（ICS）安全。

如果说互联网攻击一心"谋财"，那么物联网攻击则直接"害命"。当下，密集的物联网漏洞和活生生的攻击事件已日渐白热化了。每一次的物联网攻击都是带着万级设备的沦陷，覆盖面之广、损害之深也是原来互联网攻击所无法企及的。据研究机构Gartner的调查，近20%的企业或者相关机构在过去三年内遭受了至少一次基于物联网的攻击。据Gartner数据显示，为了防范安全威胁，2020年年底全球物联网安全支出达到24.57亿美元。其中，终端安全支出约4.59亿美元，网关安全支出约3.27亿美元，专业服务支出约15.89亿美元。

由丹麦技术大学、厄勒布鲁大学、俄罗斯因诺波利斯大学等机构联合完成的研究"黑客物联网"中，量化了物联网设备的风险：90%的设备与其他设备建立了非安全连接；80%的设备连同与之相关的云平台和移动组件，没有足够复杂的密码；70%的设备连同与之相关的云平台和移动组件，攻击者能够通过枚举法破解用户账户；70%的设备使用未加密的网络服务。

物联网与互联网的本质区别在于，物联网是一个自我运转的生态系统，物联网中的"物物"更逼近生物属性。物联网安全和互联网安全绝非一个量级，完全没有可比性。"永恒之蓝"、Mirai、Hajime、BrickerBot、WannaCry等病毒动不动就在几十分钟内攻克数以万计的设备，设备遭受攻击的风险越来越高，除了消费产品领域，医院、加油站、工厂、市政设施等联网设备，更是物联网安全的重灾区。从2010年开始至今，每一年都有类似的安全事件发生，致使物联网安全领域备受关注。

数字时代，万物互联，如今我们的多种设备逐步彼此相连，关键信息基础设施中的每一个环节都是现实世界的中枢神经，任何一丝风吹草动，都将为物理世界、虚拟空间带来无法挽回的严重后果，任何一个薄弱环节，都有可能引发一场以数亿元甚至数十亿元损失为代价的灾难。

在我们目前的数字生活中迅速扩散的有害内容，在元宇宙中也可能被转化为更多的图形、3D和听觉上所不需要的内容。由于其传播环境的多感官性质，这些内容更有侵扰性，影响更大。虚拟货币的兴起通常是有害内容和在线活动激增的另一个挑战。

例如，有些儿童使用他们的虚拟化身在虚拟脱衣舞俱乐部提供热舞服务，以换取《罗布乐思》中的虚拟货币"Robux"。有关报告显示，对于购买儿童性虐待材料的人来说，加密货币是一种流行的选择，因为其分散控制和独立于金融机构的特性，帮助确保了使用者的匿名性。鉴于数字货币有望在元宇宙中发挥重要作用，导致有害内容扩散的财务激励和支付结构，可能会随着网络世界向Web 3.0的迁移而带来规模性和复杂性的增加。

因此，2021年6月，工业和信息化部、中央网络安全和信息化委员会办公室联合发布《关于加快推动区块链技术应用和产业发展的指导意见》，将应用牵引、创新驱动、生态培育、多方协同、安全有序作为基本原则，并提出赋能实体经济、提升公共服务、夯实产业基础、打造现代产业链、促进融通发展等重点任务。

可信元宇宙的体系结构

"木桶效应"告诉我们，一只木桶能装下多少水，完全取决于最短的那一块板。对于当下火热的产业元宇宙而言，安全问题稍有不慎便会成为制约其发展的"短板"。

有没有可能在不泄露任何隐私的情况下，保障安全呢？理论上是可能的。很明显，随着科技的进步，我们很难在隐私和安全之间划清界限。不仅如此，几乎所有的界限都被清除或重新界定。

我们考虑安全问题的时候，或许第一反应是如何兼顾成本提高、用户流失和上市时间延长的风险，接着第二反应是如何兼顾可靠、隐私和系统的强韧性。因此，安全、隐私、安保、可靠、强韧这些维度都不是孤立的，它们是构成可信产业元宇宙的一体多面（见图6.3）。而且当我们实现这些可信策略的时候，都要进行成本与收益的平衡，避免过犹不及（见表6.2）。

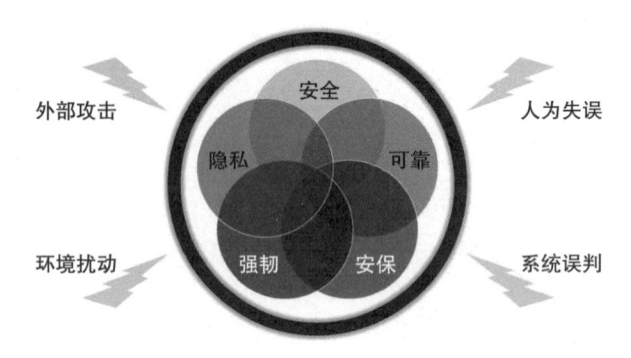

图6.3 可信元宇宙的一体多面

表6.2 可信策略使用过度的可能后果

可信策略	使用过度的可能后果	详细说明
安保	成本增加，丧失一定的灵活性，易用性降低	严格限制用户权限，限制用户对参数的配置和访问，可能降低系统的灵活性
安全	增加流程的复杂度，降低生产效率	安全认证的步骤可能会增加操作中的步骤，延迟系统的功能升级
可靠	过多的维护成本投入	采购更昂贵的软/硬件，一般这些设备较重，而且不易携带
强韧	成本投入过高，产品的功能性和易用性降低	冗余性的系统一般较难维护和升级，尤其是对实时性要求较高的场景，强韧与效率存在矛盾
隐私	过多的隐私保护步骤和流程	为了保护隐私增加多余的步骤，操作的复杂度增加

一旦我们了解了各种可信的特性，它们对成本和业务的影响，以及各种评估程序和指标，就更有利于我们构建可信的产业元宇宙。由于产业元宇宙由7层架构组成，因此当我们考虑安全问题时，需要全方位、立体化地涵盖终端硬件、传输网络、应用平台等多个层面和角度，以面对各种挑战和需求。

尤其是各种智能终端作为产业元宇宙的神经末梢，承担着对物理世界真实信息的采集、模式识别和实体控制功能，同时终端的通信接入模块将采集到的数据信息传输至决策服务端，并接收决策指令。智能终端不仅仅是产业元宇宙的关键"网关"，同时也是其核心功能模块。智能终端硬件的安全必然是可信元宇宙的核心内容。终端自身的传感器失效、信号噪声、通信延迟或中断、断电等都将造成巨大损害。

产业元宇宙的不同层次可能面临相似的安全需求，比如隐私保护、数据保护、访问管理等，也可能存在差异化的安全需求，比如边缘安全、通信保护、态势感知等，这些都需要构建可信元宇宙的参与者们对于安全有更加深刻的理解。产业元宇宙中各层次的安全需求如图6.4所示。

图6.4 产业元宇宙各层次的安全需求

典型的几种安全需求包括以下方面：

- 隐私保护。产业元宇宙中的很多应用都与我们的生活息息相关，如摄像头、智能恒温器等设备，通过对它们的信息采集，会直接或间接地暴露用户的隐私信息。所以隐私保护是产业元宇宙安全问题中应当注意的问题之一。

- 态势感知。态势感知是在大规模系统环境中，对能够引起系统状态发生变化的安全要素进行获取、理解、显示及预测未来的发展趋势。Intel白皮书中指出，汽车的经销商、制造商甚至政府机构能够合作起来，对威胁情报进行交换，能够快速将零日漏洞和恶意软件通知相应的车辆。通过将流量信息与商业威胁情报源进行对比，以确保未授权的IP没有连接到用户的网络中。通过利用威胁情报，及时对最新的攻击进行防御。当遭受未知攻击的时候，及时将威胁情报发布出去，实现威胁情报的共享。

- 通信保护。产业元宇宙的设备与设备之间，设备与远程系统之间需要进行通信，如果通信缺少传输加密和完整性验证，那么通信很可能会被窃听或篡改。通信保护需要对于设备和远程系统之间的通信进行加密和认证。

可信元宇宙作为切入点的领域

多种行业都存在不同程度的安全隐患，是可信元宇宙可以作为切入点的领域。

1. 工业控制系统安全

针对工业控制系统的攻击将导致严重的后果。工业4.0驱动制造业、过程控制、基础设施、其他工业控制系统的连通性，对于这些系统的威胁不断上升。Ponemon撰写的《网络攻击成本报告》指出，数据不再是网络犯罪的唯一目标，工业控制系统等核心系统也正在遭到黑客的强力攻击，被破坏摧毁。2020年2月，某特定漏洞工控设备的恶意代码攻击持续半个月之久，攻击次数达6700万次，攻击对象包含数十万个IP地址。

2. 智能网联汽车安全

随着特斯拉汽车的推出，以及苹果、谷歌等互联网巨头新的智能汽车系统的成熟，车联网正在从概念变为现实，但是智能汽车一旦遭受黑客攻击，发生安全问题，可能会造成严重的交通事故，威胁人们的生命安全。2022年1月，一名19岁德国青少年，在特斯拉的系统中发现了一处安全漏洞，并且通过该漏洞入侵了13个国家的25辆特斯拉汽车，让汽车关闭了安全系统。这些漏洞，不仅可以打开车窗、车门控制方向盘，甚至还能够实现无钥匙驾驶。这些车型的具体位置也被曝光了，还可以查看车主是否在车辆附近。

3. 智能家居安全

随着物联网技术的迅速发展，智能家居概念颇为火热。全球智能家居摄像头市场年年攀升，预计2023年将以14%的增速达到130亿美元的规模。而家用摄像头也摆脱了"计算机外设""笨重安防设备"的标签，成为看娃、吸猫、照顾老人的日常智能家居设备。但是如果黑客能轻松地利用网络攻破一些智能家用产品的安全防线，例如，黑客侵占智能设备（如恒温控制器、智能TV、摄像头），可以获取用户隐私信息，带来安全隐患。2020年年初，在美国密西西比州，黑客入侵了一个家庭的亚马逊Ring摄像头。对方自称是圣诞老人，差点吓坏了家里的小女孩。没几天后，亚马逊Ring被爆出超过4000个账户信息泄露，可让黑客远程监控、窃取信息。

可信元宇宙的技术壁垒很高

产业元宇宙的智能终端应用场景丰富、功能各异，很难提供统一的接入认证机制，必须要做到普适、灵活可调整；一些终端受能耗和资源限制，无法构建完整的安全策略。无论哪一方面最终都可以归结为智能终端的异构和多样对产业元宇宙整体安全水平的影响。

构建可信元宇宙时可能会遇到的挑战包括以下方面（见图6.5）。

1. 可信元宇宙的复杂性极高

元宇宙的层级多，架构复杂，每个不同的层级中经常包含多个厂商的软/硬件和系统，并且由不同的成员进行维护和管理，每个环节的安全策略不尽相同，有可能互不兼容，无法构成完整闭环。

2. 可信元宇宙的成本敏感度高

有些用户没有考虑安全预算，或者没有打算为了保护隐私而多付费用。在很多场合，为了提高安全性，最直接的方式是购买额外的硬件，或者是嵌入安全芯片，与此相关的投入势必产生成本提升和计较产品价格的用户流失。

| 产业元宇宙

3. 可信元宇宙安全运营的管理难度大

元宇宙的安全运营需要持续化的投入和管理，比如授权、加密、审计等，需要训练有素的人员来承担相应的管理角色。如何安排好各种安全相关的职能，并且提供有效的培训和应急训练，对企业来说也是不小的挑战。

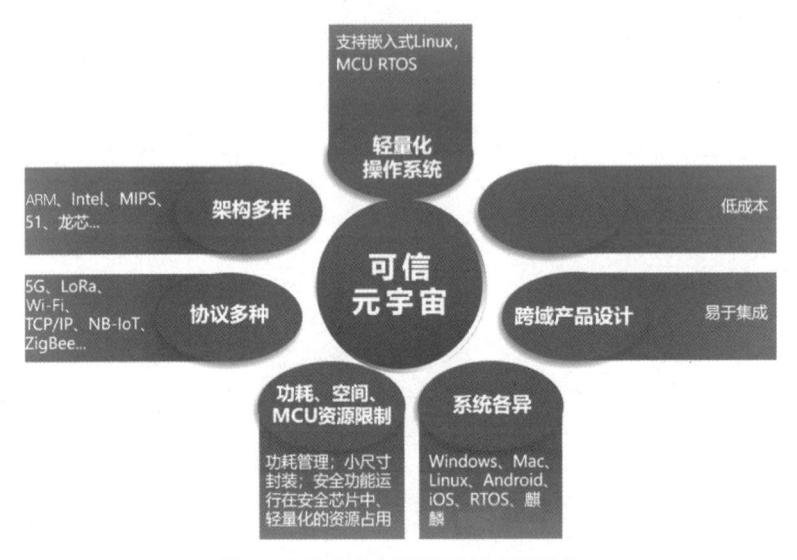

图6.5　可信元宇宙需要面对的各种挑战

如今仅靠软件已无法满足元宇宙的安全需求。互联网时代，终端一般都在用户侧，虽然设备与人之间的联系非常紧密，但安全风险一般限于数据层面。随着元宇宙时代的到来，数以百亿级的设备广泛部署于世界的各个角落，攻击者很容易进行两类攻击：①本地攻击，黑客可以对物联网设备进行反向分析或通过软/硬件手段来获取该类设备的代码及工作机制，从而实现对服务器或物联网设备的远程网络攻击；②远程攻击，比如中间人攻击，黑客可对物联网设备和云端的各种通信数据进行窃听，从交互信息中分析获取一些敏感数据。这种安全风险会带来更多的物理层面的隐患。

有外媒报道，安全研究机构披露了可能是迄今为止最为严重的物联网摄像头安全漏洞，受影响的监控摄像头数量超过200万个。这些产品都使用了某厂商开发的某

P2P通信软件组件。该组件包含两个漏洞，其中之一的认证漏洞允许攻击者拦截设备的连接，执行中间人攻击并远程控制设备，从而进行窃听、窃取密码、远程入侵等。

由此可见，仅仅在软件层面已经无法有效保护智能设备的安全了，需要硬件手段强化安全（见图6.6）。很多智能设备的制造商并没有很强的安全背景，也缺乏标准来说明一个产品是否是安全的，大多数安全问题来自不安全的设计。

	没有安全	基于软件实现的安全	基于硬件的安全
	所有内容开放给所有人	防御逻辑通道上的非法访问 减少软件自身漏洞的风险	防御针对硬件的攻击 以及高强度的软件攻击
可读性	易于访问与读取	硬件逻辑保护自身代码不被读取
可复制	易于复制与篡改	即便通过反向工程也无法轻易复制
可分析	易于分析与理解	专用的设计以及非标准的代码实现，难以分析与理解
信任根	无法做到可信任的根	为系统提供可信任根

图6.6 安全方案的实现方式

产业元宇宙本身和互联网一样，鱼龙混杂，和现实世界一样，大门敞开。对于用户来说，基于自身资产、安全性考虑，会有在产业元宇宙中进行安全防护升级的需求，这样，就会有类似360的企业来提供安全防护措施，可以基于以下三点来作为服务方向：一是提供安全的开发规范，进行安全开发培训，指导产业元宇宙领域的开发人员进行安全开发，提高产品的安全性；二是将安全模块内置于各种终端产品中，比如工控领域对于实时性的要求很高，而且一旦部署可能很多年都不会对其进行替换，这样的安全可能更偏重于安全评估和检测，如果将安全模块融入设备的制造过程，将能显著降低安全模块的成本，对设备提供更好的安全防护；三是对出厂设备进行安全检测，及时发现设备中的漏洞并协助厂商进行修复。

可信元宇宙需要各方共同聚力

安全是一个长期的过程，需要行业共同使力，不断完善与演进。一些数字安全领域的开拓者，已经摸索出了一套行之有效的解决方案，但行业的成熟需要所有企业劲儿往一处使。幸运的是，部分企业和管理机构已经开始做数字安全与可信元宇宙领域的"领头雁"，整个行业对安全的重视程度也在不断提高，这一短板有望得到大幅改善。

在产业层面，根据赛迪顾问《2019中国网络安全发展白皮书》，2018年中国物联网安全市场规模达到88.2亿元，增速高达34.7%。Gartner发布的数据显示，全球近20%的企业或相关机构在过去三年遭受过物联网攻击。由此可见，如何解决物联网安全问题已经成为企业眼下关注的重点之一。

在政策层面，自2017年以来，包括《中华人民共和国网络安全法》《中华人民共和国密码法》《国家关键信息基础设施安全保护条例》《网络安全等级保护条例》等法律法规相继出台，标志着安全的重要性不断提高，已经成为国家层级不可忽略的重点。

网络安全问题也受到了空前的关注。2021年7月，国家互联网信息办公室发布了《网络安全审查办法（修订草案征求意见稿）》。2021年9月，《工业和信息化领域数据安全管理办法（试行）》（征求意见稿）发布，全国人大发布的《中华人民共和国数据安全法》《中华人民共和国个人信息保护法》也开始正式实施。一系列信息和数据安全法律法规和政策的密集落地，都意味着国家和社会对网络安全威胁关注度的提升。

毫无疑问，数字安全在未来只会越来越重要，而在安全问题发生之后再去考虑往往为时已晚。趁现在，一切还早，或许正是我们思考如何保障产品安全的最好时刻。

第 7 章
产业元宇宙的碳中和经济学

- 元宇宙是碳中和的必经之路
- 产业元宇宙助力碳中和的着力点
- 产业元宇宙自身的碳中和
- 产业元宇宙助力碳中和的底层逻辑
- 碳金矩阵：实现碳中和的方法论
- 投资碳中和意味着不赚钱？
- 减少碳排放的环节

| 产业元宇宙

　　自从《2021年政府工作报告》将"扎实做好碳达峰、碳中和各项工作"列为重点工作之后，"碳中和""碳达峰"一跃成为社会各界谈论的热点话题。重要的时间节点有两个，一是中国政府宣布要在2030年前碳达峰（碳排放达到峰值），二是要在2060年实现碳中和（碳排放净值为零）。

　　什么是"碳中和"？简单来说，就是把人为排放的二氧化碳（CO_2），通过人为的方式，比如植树造林、节能减排等形式抵消掉，从而使得释放到大气中的总碳量正负相抵，净值为零。为什么要追求"碳中和"？除了新冠肺炎疫情之外，气候变化是另一个关乎全人类生存的焦点问题。大家应该都能感同身受，这些年地球越来越"不太平"了，洪涝干旱、极寒热浪、冰川融化、森林火灾，这一切的背后都有一个共同的元凶——温室效应。

　　人类的活动会释放出大量的温室气体，这些温室气体，犹如一层厚厚的被子包裹着地球，让地球无法散热。温室气体排放有多种，但其中主要成分是CO_2，占比超过70%。因此实现碳中和被世界各国提上重要日程。2020年，习近平主席在联合国大会上表示，中国将力争在2030年前实现碳达峰，争取在2060年前实现碳中和。2021年，"双碳目标"被写入《2021年政府工作报告》。在政策影响力巨大的中国市场，该目标的指导意义十分重要。

　　2060年实现碳中和，距离现在还有好几十年，虽然时间远，但是这个任务是非常艰巨的，为什么这么说？欧盟早在1979年就实现了碳达峰，美国在2005年实现碳达峰，同时欧盟、美国都把碳中和的目标时间定在了2050年。如果把从碳达峰到碳中和的时间段定义为下半场，那么欧盟的下半场有71年，美国的下半场有45年。而我们还需要9年才能进入下半场，而且留给下半场的时间只有30年。惟其艰难，才更显勇毅；惟其笃行，才弥足珍贵。这更彰显了中国的责任担当，也将为绿色转型提供更强大的动力。

数字经济是"十四五"发展的主旋律，产业元宇宙作为新兴技术的集大成者，在实现碳达峰、碳中和的机遇面前自然不会缺席。实现碳中和最为重要的是充分利用数字科技的推动效用。AI、大数据、云计算、物联网、数字孪生、安全技术和区块链等前几代人无法想象的、呈指数级发展的科技创新，加速应用在节能环保、清洁生产、清洁能源、生态农业、绿色基础设施等领域，成为企业实现双碳达标最核心的驱动力量。

在无法实现清洁能源稳定充足供给前，产业元宇宙自身也需要紧跟"双碳"的工作节奏，预先做好规划。

产业元宇宙自身的碳中和

越来越热的元宇宙概念和能源有关系吗？可以肯定地说，有！几乎支撑元宇宙运行的每一个设备都需要能源支持，要维持元宇宙的长期运作，充足稳定的能源供应必不可少。1946年2月，世界上第一台现代电子数字计算机在美国宾夕法尼亚大学诞生。这台计算机占地约150平方米，重达30余吨，耗电功率约150千瓦。启动这个巨型机器时，常导致部分街区停电。元宇宙的发展，同样让信息设备能耗再次大幅跃升。

为创造堪比真实世界的沉浸感，元宇宙的发展需要5G、人工智能、区块链、云计算、大数据、物联网、VR、AR等数字技术支持。物联网和工业互联网打通线上线下数据；5G网络帮助数据高速稳定传输；区块链将元宇宙中的数据资产化，形成新的可信机制和协作模式；VR和AR改变人机交互的方式。其中，每一项技术的大规模发展都要以提高能耗为代价。

当前，VR、AR技术离真正具有低延迟、高沉浸的理想体验还有很长的路要走。以VR为例，设备分辨率至少要达到8K以上才会有非常真实的体验，设备刷新率也还

| 产业元宇宙

有较大提升空间。要突破这些瓶颈，对网络、存储、计算、电池的要求会大幅提升。

区块链是元宇宙的基础技术构成要素之一，基于区块链技术的数字货币是元宇宙运转的重要工具。区块链中区块的生成需要进行大量无意义的计算，而算力又与电力高度正相关。研究显示，全球比特币挖矿每年消耗约91太瓦时的电力，超过了拥有550万人口的芬兰的用电量。

数据中心能耗更高，对电力系统的影响也更大。据统计，2018年全国数据中心耗电总量达到1609亿千瓦时，超过上海市当年全社会用电量，占全国用电量比重的2.35%。随着元宇宙世界不断发展，各类数据还将呈现指数级增长，从而推动数据中心数量和规模大幅增长，给电力供应和碳排放带来新挑战。

在无法实现清洁能源稳定充足供给前，需要布局产业元宇宙的企业应主动加强顶层设计，紧跟"双碳"工作节奏，做好元宇宙产业规划。坚持节能优先战略，明确元宇宙相关企业在节能减排中的主体地位，约束企业不当的能源消费，鼓励企业通过节能获取额外收益和奖励。避免在严控传统高耗能产业发展的同时，又催生出一个全新的高耗能产业。

长远来看，分布式的可再生能源系统或是元宇宙可持续发展的重要解决方案。支撑永续发展的庞大元宇宙数字空间，需要以巨大的计算能力和海量的数据存储空间为基础，这决定了元宇宙时代的基础设施将高度依赖分布式系统，需要全球计算和存储资源全面协同。每一个分布式元宇宙基础设施都可通过分布式能源系统提供电力支持，应结合储能、氢能等新技术，提升可再生能源在其能源供应中的比重。

科技行业属于高耗能行业，在为千行百业赋能以及助力减排的同时，产业元宇宙是帮助自身降低碳排放的利器。以元宇宙中遍布的数据中心为例，云计算实现算力集约化、模块化及制冷技术提升可实现PUE（Power Usage Effectiveness，PUE等于数据中心总能耗除以IT设备能耗）降低。

集约化算力将降低多少能耗？据Microsoft测算，相较于分散的传统企业数据中心，集约式数据中心通过改善IT运维效率、IT设备效率、数据中心基础架构效率、可再生能力四个方面，或可降低72%～98%的能耗（见图7.1）。

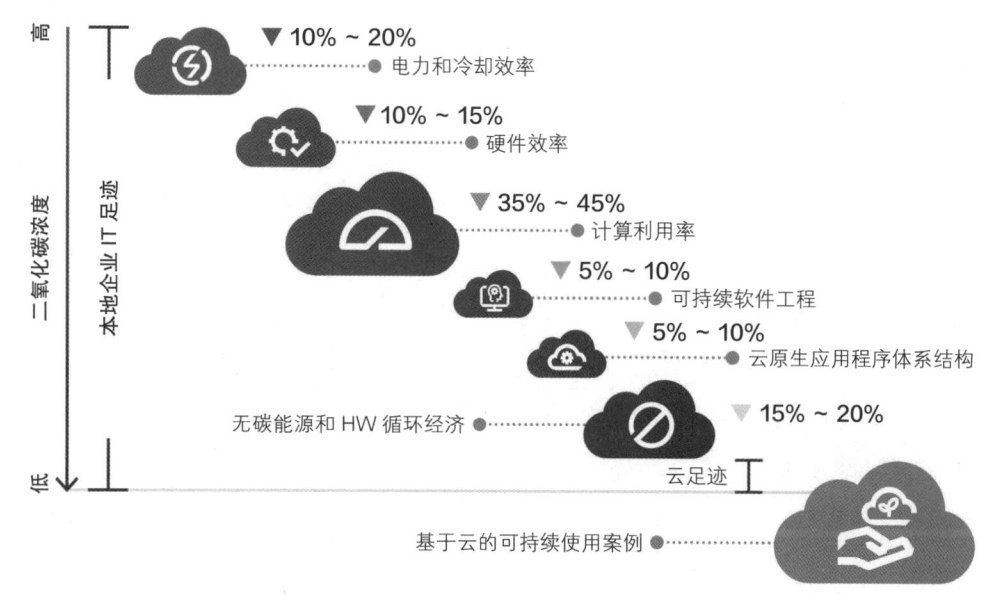

第 7 章 产业元宇宙的碳中和经济学

图中标注内容：
- 二氧化碳浓度（纵轴：高→低）
- 本地企业 IT 足迹
- 电力和冷却效率 ▼10%~20%
- 硬件效率 ▼10%~15%
- 计算利用率 ▼35%~45%
- 可持续软件工程 ▼5%~10%
- 云原生应用程序体系结构 ▼5%~10%
- 无碳能源和 HW 循环经济 ▼15%~20%
- 云足迹
- 基于云的可持续使用案例

图7.1　云计算有助于减少碳排放

元宇宙是碳中和的必经之路

回顾历史，每一次技术革命都蕴藏着发展的机遇，那些通过创新占得先机的国家，最终都实现了经济腾飞。与环境相关的技术创新通常被称为生态创新。与一般的技术不同，生态创新是通用技术，特点在于其应用范围广泛，往往可以作为投入而被其他行业采用，并可以在应用领域催生新的创新。未来，生态创新很可能像蒸汽、电力、计算机与信息技术的发明一样，成为人类发展史上极为重要的科技革命。中国加快发展方式绿色转型，不仅是积极应对气候变化的必然要求，也将推动全球清洁能源革命，为全球经济发展做出新贡献。

产业元宇宙的出现，恰逢其时。产业元宇宙提供的生态是碳市场体量急速增长所不可或缺的。而碳市场也提供给了元宇宙专家们走出游戏世界，大力开展虚实融合的一个重要场景。沃达丰公司的报告揭示了数字技术在助力实现碳中和方面的巨大潜力。以英国为例，物联网和5G等新兴技术可以帮助英国每年减少1740万吨二氧化碳。数字技术已经成为支持净零转型的关键工具，正如本报告所示，现有的数字技术可以在减少整个经济的碳足迹方面产生更显著的影响。

产业元宇宙，包括物联网和5G在内的技术将帮助减少我们的碳足迹，同时最大限度地减少对人们生活、工作和旅行能力的影响。在《连接净零：通过数字技术解决气候危机》这份报告中（见图7.2），重点关注了三个关键但高污染的行业：农业、制造业和交通运输行业。

- 农业确保为所有公民提供足够的农产品，但在此过程中，历史上产生了大量的碳。该报告估计，通过采用智能传感器来改善对作物、土壤、肥料、饲料和水的监测，以提高资源效率并减少浪费，每年可以减少约480万吨二氧化碳当量——相当于生产30亿品脱牛奶。

- 制造业有助于改善生活，但这样做会付出巨大的环境成本。通过结合人工智能和智能建筑解决方案等新兴技术来改善生产线和能源效率，每年可以减少约330万吨二氧化碳当量——相当于生产近60万辆汽车。

- 交通对于探望亲人、日常工作和环游世界至关重要，但它也是最大的污染源。交通部的数据发现，"交通排放随时间变化不大"，自2009年以来，2019年仅减少了3%。通过增强远程信息处理等解决方案，物流公司可以通过智能路线规划缩短交付路线并减少闲置时间，每年可减少约930万吨二氧化碳当量——相当于减少200万辆汽车上路。

元宇宙与碳中和，一个被称为人类命运共同体的未来，另一个被称为人类命运共同体的保障，本是两个宏大的叙事命题，是面向未来、面对人类利益共同体的两大重要的趋势。当两者融合，人类对未来的想象正在变得无限厚重。

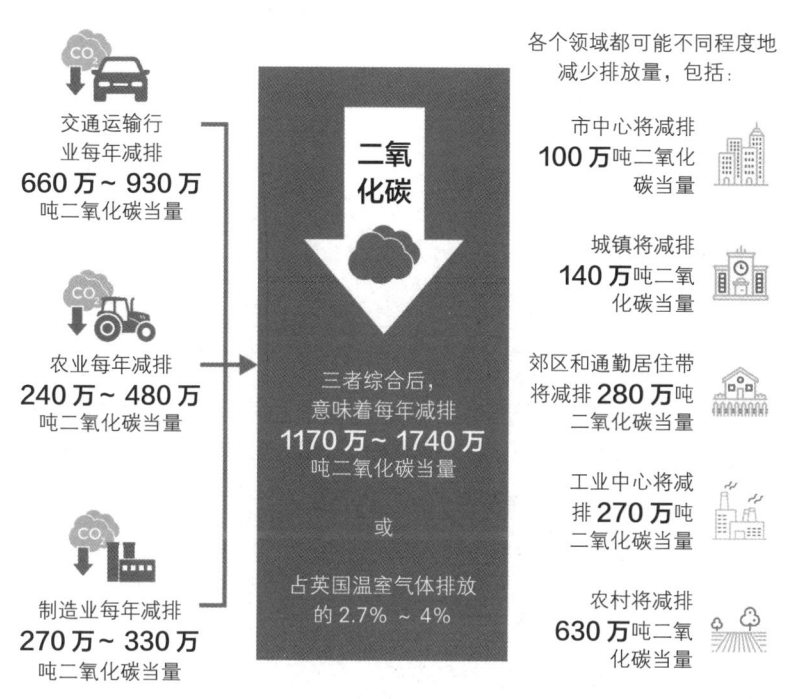

图7.2 《连接净零：通过数字技术解决气候危机》分析图

投资碳中和意味着不赚钱？

与碳中和同时出现的往往还有ESG，究竟什么是ESG？ESG是环境（Environmental）、社会（Social）、公司治理（Governance）的简称，ESG投资意味着在分析和决策时加上对上述三个领域的考量。换言之，通常来说投资与否，主要关注一家企业的商业模式、现金流、利润率等财务指标，ESG投资则还要关注企业在环保、社会责任、公司治理等非财务指标上的表现。

"环保意味着不赚钱"存在于不少人的认知中，但戈壁投资的ESG主管亚克表示，他们在实践过程中恰恰相反，符合ESG的企业往往抗风险能力更强，在最近几年动荡的环境中表现更佳。数据印证了亚克的观点。"MSCI明昇全球ESG领导者指数"2021年以来的涨幅超越了"MSCI明晟发达市场指数",背后的逻辑也不难理解,企业在可持续发展方面做出的努力将深刻影响其未来的现金流,并最终反映到它的商业价值上。

"做好事"与"赚钱"之间并不总是相互矛盾的,很多情况下企业履行社会责任也是其长期视角的利润最大化的体现。根据波士顿咨询公司的分析数据,第一代"绿色领军"企业产生的股东总回报水平与亚马逊、苹果、Meta和谷歌等高科技企业相似。这里面包括了意大利国家电力公司(Enel Group)、西班牙伊维尔德罗拉公司(Iberdrola)、芬兰耐思特油业集团(Neste)、美国新纪元能源(NextEra Energy)。2017年10月至2020年10月,这些企业年度股东总回报率约为30%。而包括Beyond Meat和特斯拉在内的第二代绿色领军企业的回报率则高达70%~80%,仅特斯拉一家企业的市值就远远超过其他汽车制造商。

根据波士顿咨询公司的预测,到2050年,围绕《巴黎协定》的全球投资总额将达到100万亿~150万亿美元,将超过2020年全球经济总量。在人类历史上,从来没有出现过一场如此规模浩大的全球投资行为,这绝对是有史以来最凶悍的"竞赛"。但是,这场"竞赛"绝非是内卷式的消耗战,而是一场"少即是多"的超级转型之战。企业将可持续性纳入商业议程的核心不仅是正确之举,对于执行得力的公司也将拥有关键竞争优势。

现在碳中和的发展阶段很像6年前的集成电路产业。绿色发展是国家的战略方向,同样作为战略方向的芯片,曾经也存在这样或那样的问题。2014年9月,我国成立第一个集成电路大基金,规模是980亿元。类比的是2020年7月,我国成立了第一个国家绿色发展大基金,规模是885亿元。与集成电路类似,碳中和是我们值得把握的大机遇。

产业元宇宙助力碳中和的底层逻辑

据多方测算,我国"碳达峰""碳中和"的资金需求规模级别将达百亿元,那么钱从哪儿来？央行2021年4月12日在一季度金融数据发布会上透露，正在抓紧研究设立直达实体经济的碳减排支持工具，争取尽快推出。业内人士表示，除了绿色信贷、绿色债券等，还可发展绿色保险、绿色租赁、绿色信托等碳金融产品。

未来碳排放将是一个非常巨大的市场，对产业元宇宙而言也是一个巨大的机遇。因为在实现碳中和的过程中，产业元宇宙将发挥重要作用。由产业元宇宙构成的各种系统，仿佛为我们的地球配备了一层"数字肌肤"，能够有效监测、分析和管理碳排放。各类产业元宇宙企业更是碳中和的重要参与者和引领者，我们利用科技的力量，致力于提高能源利用效率，进一步加强节能减排。很多机构和国家已经注意到产业元宇宙在实现碳中和过程中发挥的重要作用。根据世界经济论坛发布的数据，产业元宇宙中包含的技术，比如物联网与5G、人工智能等技术相结合，在全球范围内助力减少的二氧化碳排放量可达15%。更进一步的分析显示，84%的物联网项目可以满足全球性的可持续发展，在这些项目中，25%关注工业和基础设施创新，19%聚焦提供价格合理的清洁能源。

碳中和如何实现？总结来看，碳排放指的是所有温室气体的排放，而碳中和就是将社会发展中排放的温室气体，通过各种手段降为零，以实现"碳排放≤碳吸收"（见图7.3）。

碳排放−碳吸收≤0=碳中和

碳排放	碳吸收	碳中和
电力　工业　交通运输　建筑	生态碳汇　碳捕捉与储存（CCS）　生物能源与碳捕捉、储存（BECCS）	净零碳排放

图7.3 碳中和的计算公式

产业元宇宙可以在碳排放、碳吸收等各个环节发挥作用。产业元宇宙中所包含的物联网与5G、人工智能、区块链等技术相结合，能够从环境中采集大量的数据，辨识和分析其中存在的能效改进机会点，并且给出合理的行动建议。从普适性的应用场景来看，产业元宇宙助力碳中和的底层逻辑围绕以下3点展开。

产业元宇宙

1. 产业元宇宙助力监测碳排放

各类智能传感器可以让企业实时掌握能源和损耗数据，有效地监测浪费情况的发生。这些数据不仅包括企业在生产和运营过程中产生的碳足迹，还可以包括人员办公和差旅过程中的碳排放。

比如在苹果披露的碳足迹中，产品生产过程中的碳排放最多，占比为76%。其次是产品使用和产品运输中的碳排放，分别占14%和5%。2021年，苹果宣布有175家供应商已经承诺使用清洁能源。苹果2021年就宣布全球公司运营已实现了碳中和，大量依靠代工，这一点似乎并不稀奇。然而，更大的雄心在于，苹果公司的目标是到2030年在供应链和整个产品生命周期中实现百分之百碳中和。

基于产业元宇宙的碳核算市场逐渐起步。2020年碳交易市场刚刚萌芽，市场规模为12.67亿元。其中，碳核算市场占据10%的份额（1.2亿元左右）。根据来自生态环境部的数据，自2021年7月16日正式启动上线交易以来，全国碳市场累计运行114个交易日，碳排放配额累计成交量为1.79亿吨，累计成交额为76.61亿元。碳核算市场规模达到9亿元。2025年随着《碳排放权交易管理办法试行（试行）》的出台实施，八大行业都将逐步接入碳交易市场，市场规模将达到500亿元，而碳核算市场因为需求的提升市场规模将达到150亿元。2030年八大行业碳交易量将超过50亿吨，市场规模将超过1000亿元，碳核算市场将达到250亿元的规模。

2. 产业元宇宙助力预测和减少碳排放

人工智能技术可以根据企业当前的工作过程、减排方法和需求，预测未来的碳排放量，有利于帮助企业更加准确地制定、调整和实现碳排放目标。

根据波士顿咨询公司的分析，使用人工智能可以帮助减少26亿～53亿吨的二氧化碳，占减排总量的5%～10%。

例如，深圳智慧机场通过人工智能精准预测和管理，减少滑行距离，能让每架飞机少跑1～2分钟，减少耗油10～20升，根据中国民航局公布的全年航班起降架次，预计全年合计起降1025万架次，每年可减少二氧化碳排放量约36.31万吨。

截至2021年2月18日，全国机场数量达241个，基于机场面积预测全国机场数据中心占地面积进而推测所需数据中心及机柜数量，按照引入人工智能及数字化精准管理的机场带来3%数据存储增量的假设，进而得出数据中心耗电量增量约相当于23.86万吨二氧化碳排放，最终可实现全年二氧化碳排放净减少12.44万吨，相当于每度电用电增量带来1.52千克二氧化碳减排量。

工业互联网随着5G网络部署呈现迅猛发展之势，截至2021年3月，全国在建工业互联网项目超过1100个，多种工业互联网应用场景层出不穷，包括上海商飞、山西阳泉煤矿、湖南三一重工和厦门港等，5G显著地助力了工业领域的升级转型。

工业互联网也可以为节能减排赋能。工业互联网以数据为核心，基于传感器集中收集的海量数据，结合软件平台和大数据分析技术来实现工业自动化控制、智能化管理。在工业互联网赋能下，企业生产力和工作效率得到提升，同时能源使用和碳排放有效减少，实现节能增效。

3. 产业元宇宙促进实现碳中和的收益

为了监督企业实现碳减排，还需要一些配套的设施，比如碳交易。企业实现碳中和的竞争力更具吸引力的地方在于，实现大幅减排后，充裕的碳排放额度有望成为企业最具前景的收益来源之一。

很多国家每年会给企业发放碳排放配额，排放量少于配额的企业就可以把多余的配额拿到碳交易所出售，而碳排放超过配额的企业，就需要到市场上去购买排放权，这么做的好处是可以以更加市场化的方式来推动企业主动减少碳排放。

在这个机制下，高耗能的能源企业排碳成本就高，而新技术、新能源等企业可以化身"卖碳翁"，用省下来的碳配额来增加盈利。比如特斯拉，去年终于首次实现了全年盈利，但这个成绩不是靠卖车而是靠卖碳得来的，特斯拉2020全年碳积分收入达15.8亿美元。

我国自2011年起就在多省市启动了地方碳交易试点工作，2021年全国碳市场建设加速，2021年7月16日全国碳排放交易正式启动。

在这个过程中，碳信息的有效性和可披露性是关键。但是跟踪和报告碳排放数据的挑战并不小，很多国家还要求公布ESG数据，而这些数据经常会出现记录不准确的情况。为了应对这些挑战，一些企业尝试将物联网和区块链技术相结合，来简化和促进ESG数据的收集和自动呈报流程。

减少碳排放的环节

基于以上三个底层逻辑，不同企业可以从不同环节切入，减少碳排放。对于生产、加工与制造型企业，可以从原料、设计和制造、分销、使用和重复使用及回收和再利用五大环节入手，利用物联网将整个价值链连通，助力实现碳中和。

1. 原料：减少对于资源的使用

以农业为例，世界银行的资料显示，全球超过70%的淡水被用于农业灌溉，而物联网传感器及自动灌溉系统可以有效节约用水量。这些传感器还可以监控农作物生长的整体环境，包括光照强度、土壤养分及空气温湿度，决定播种、灌溉、施肥的最佳时间点，从而有效地利用各种资源并提升农作物的产量和质量。

2. 设计和制造：改进流程并降低浪费

通过智能互联产品，制造企业可以深入了解产品的使用情况，并根据数据分析结果优化新版产品的设计。针对易损部件，企业可以事先选择更加强固的材料进行生产。对于生产流程本身，企业可以根据实时提供的产线数据优化流程，减少能源损耗，提升产品质量。

3. 分销：实现高效的物流运输

借助物联网，企业可以实时追踪物料和货物信息，提升供应链的透明度。很多企业已经采用物联网进行车辆管理，优化运输路线并辅助驾驶员进行行为管理，这种做法一方面可以节省燃油，另一方面可以缓解城市拥堵和减少环境污染。尤其是针对冷链运输的货物，物联网降低碳排放的作用更加显著。通过及时调整运输途中箱内的温度，避免易腐和易碎产品暴露在过热、过冷、强震条件下，出现不必要的产品破损和失效。

4. 使用和重复使用：延长使用寿命并实现产品共享

根据联合国的预测，2030年，全球将有60%的人口居住在城市，而且城市化的趋势仍将持续，人口超过千万的大型城市越来越多。智能互联产品可以有效帮助大型城市降低碳排放。

智能空调可以自动调节温度并降低能耗。有数据显示，与传统系统相比，按需控制的智能通风系统可以最高节省70%的碳排放。还有些企业利用物联网技术变革商业模式，从卖产品到卖服务，为用户提供方便使用的共享空调。从共享电动车到共享按摩椅，产品即服务的模式正在成为共享经济的核心。这些共享产品一方面提高了产品的利用率，有效促进物尽其用，另一方面产品回收和处理的权责更加明晰，为循环经济做出了贡献。

5. 回收和再利用：改善废品分类和收集

基于智能分析的废品管理系统可以促进人们进行垃圾分类，并在垃圾箱将满的时候发出提示，提升废品管理效率和垃圾车的运营效率。还有的企业研发了可以自动分拣不同废品的传送带，塑料、纸张、玻璃和金属可以被自动识别和分离，降低了人为错误，提升了分拣效率。

总体来看，减排举措可分为节能减排、调整能源结构、发展碳技术与市场（见图7.4）。实现碳中和目标，必须依靠突破性技术。目前在减少二氧化碳排放领域已有部分技术成功完成商业化推广，成为减排重要技术的推动力。为取得碳中和的全面胜利，在低碳技术浪潮中，政府与市场不仅需要对现有技术有较为清晰的了解，也需要对新技术或潜在的技术可能进行前瞻性预判，将其纳入长期目标的超前部署和规划之中，持续优化碳中和路径选择。完成现有技术的盘点，是碳中和不同阶段选择何种技术路线的基础工作。

| 产业元宇宙

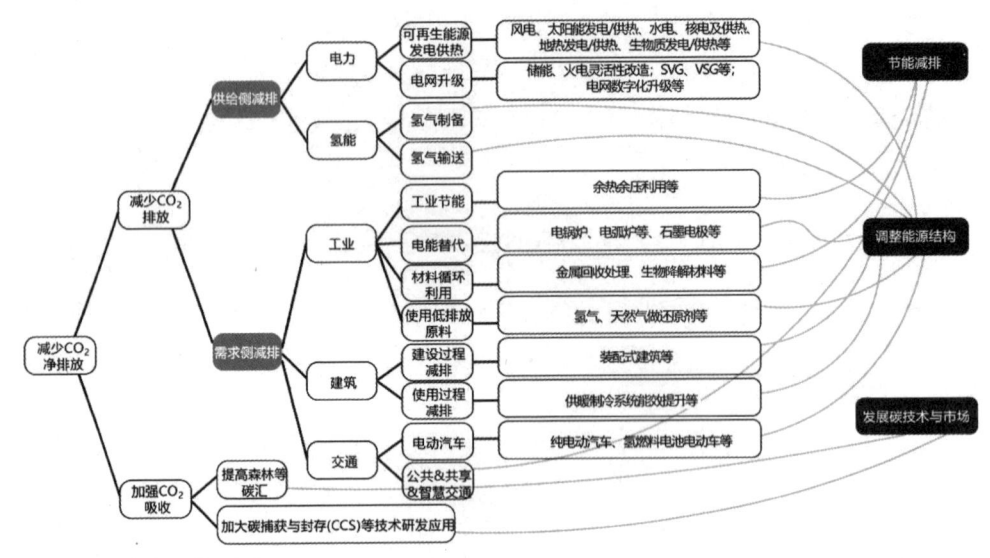

资料来源：信达证券研发中心

图7.4 减少二氧化碳净排放的各种举措

产业元宇宙助力碳中和的着力点

理解了产业元宇宙助力碳中和的底层逻辑和切入点，我们可以开始为不同行业设计不同的碳中和解决方案。根据美国环保总局EPA.gov的数据，二氧化碳排放量位居前五的行业分别是：交通，占比29%；电力，占比28%；工业，占比22%；商业和住宅，占比12%；农业，占比9%。与欧美等发达经济体稍有不同，中国的碳排放来源主要为发电行业与工业燃烧，而发达国家的碳排放主要来自电力与交通，但是碳排放比例的差异并不影响物联网在其中发挥的作用。

准确可靠的数据是碳排放权交易市场有效规范运行的生命线。借助物联网、区块链和人工智能等技术，从源头实现主要数据可信，健全碳排放监测的运维体系，重点发展监测设备状态智能诊断和智能运维技术，不断提升数据采集、传输的稳定性，打造一个绿色业务数据和资源不可篡改的分布式共享数据库。基于物理网+区块链打造可信碳数据管理平台，帮助数字化转型企业在节能、减排、循环等环节实现创新，可信的MRV[碳排放的量化与数据保证过程，包括Monitoring（监测）、Reporting（报告）和Verfication（核查）三个过程]将成为越来越多数字化转型企业的碳中和战略关键举措：为碳金融市场创新缩短开发周期和降低开发成本，追踪企业碳中和承诺，个人减排量价值化、实现国际间环境权益互认；解决碳交易市场的MRV信任问题；减少CCER项目申报流程，提升碳交易市场整体效率。

1. 国家电网助推能源互联网升级

在电力领域，国家电网在2021年3月发布"碳达峰、碳中和"行动方案，将推动电网向能源互联网升级，具体内容包括加强"大云物移智链"等技术在能源电力领域的融合创新和应用，促进各类能源互通互济，协调互动，支撑新能源发电、多元化储能、新型负荷大规模友好接入。加快信息采集、感知、处理、应用等环节建设，推进各能源品种的数据共享和价值挖掘，到2025年，将初步建成国际领先的能源互联网。

发电与供热的碳排放占比最高，其原因是目前我国发电与供热还是以火电为主。在碳中和的大势之下，未来向新能源切换的步伐势必要加快，那么光伏、风电、水电、核电等绿色能源相关企业就会迎来一个高速发展期。

根据全球能源互联网合作组织测算，到2025年，中国发电结构中，煤炭占比将从67%下降至49%，风、光发电占比将从8%上升至20%，气电、水电、核电等次优能源占比将从25%微升至28%。

风电、光伏等可再生能源的大规模装机，为数字化基础设施建设到科技服务提供了发展机遇。在风电发电机组设备层面，已经大量使用物联网技术进行数据分析。通过温度、振动、位移、风速等多种传感器的应用，风电发电机组具备了更强的感知能力，可采集更多数据，使得风电发电机组可以进行数字化建模，从而预先感知运行状态，根据状态偏离健康运行的情况，进行预防性维护和维修。光伏系统也有许多不同的方式借助物联网技术降低碳排放。物联网使光伏系统的相关人员能够可靠、实时地访问数据。此外，物联网方案还有利于更加高效地远程管理资产，使其成为光伏发电市场中的强大管理工具之一。

燃气也是中国实现"双碳"目标的主力军，在实现"碳达峰"的"冲刺阶段"，天然气消费量将持续增长，预计2025年，天然气消费量将达到4300亿～4500亿立方米；到2025年，我国天然气主干管网将达到16.3万千米［截至2020年年底，我国城市燃气管道长度（不包括县城）已经达到85万千米］。实现智慧燃气的可持续绿色发展，将助力"十四五"期间循环经济发展规划的实现。摩联科技针对占据物联网市场半壁江山的主流技术NB-IoT进行区块链赋能，对传统的"智慧燃气表解决方案"进行软件改造，使物联网应用数据在上云的同时可以嫁接在区块链网络上（见图7.5）。从燃气表内直接实现数据的可信上链，确保国家相关部门、碳核查机构、碳交易所、控排企业、金融机构、碳资产管理公司、燃气家庭用户等都能以联盟链的形式共享燃气表的上链记录，了解和掌控企业和个人的能源碳足迹，实现数据可信循环。

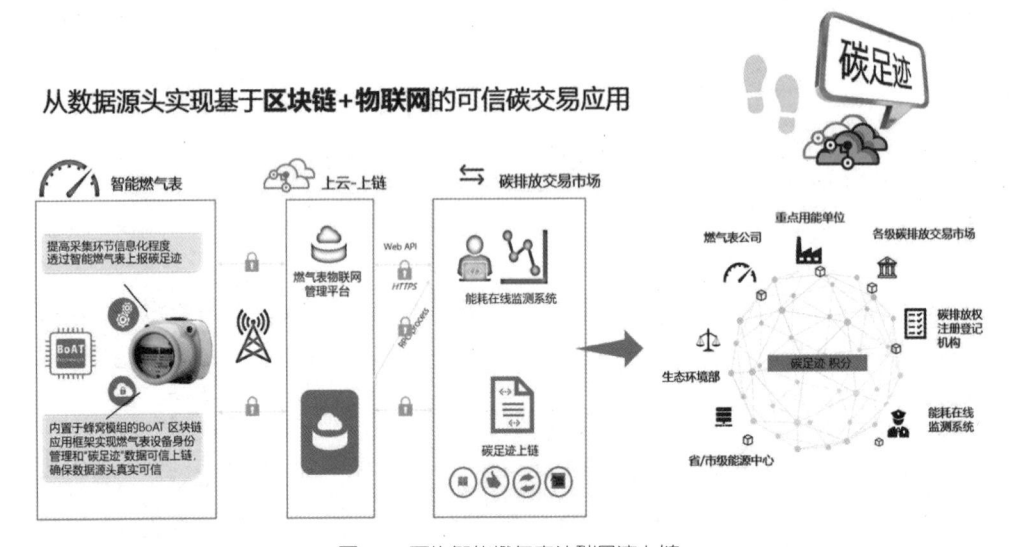

图7.5 可信智能燃气表让碳足迹上链

2. 建筑行业节能增效

除了电力生产，建筑在绿色发展的道路上同样拥有很大的发展空间和潜力。智能建筑的节能互联将是主要趋势，产业政策、行业标准和用户体验将成为建筑智能升级的主要驱动力。清华大学建筑节能研究中心早期的研究结果显示，2000—2010年，我国建筑运行商品用能从2.89亿吨标准煤增加到了6.77亿吨标准煤，建筑能耗在我国能源总消费量中所占的比例已从20世纪70年代末的10%上升到27.45%，2020年上升至35%。故而，建筑节能与绿色建筑逐渐得到了政府与行业的高度重视。

从软件、数据和服务三个方面，物联网企业正在用创新技术和解决方案，通过智能建筑的全生命周期管理，赋能建筑楼宇向智能、健康、安全、高效、可持续发展的方向发展。

智能化系统作为整个楼宇控制的"大脑"，可以对各个分离的智能化系统进行全面集中管理和控制，包括空调系统、新风系统、照明系统、能源计量监测和PM2.5浓度监测系统等。基于采集到的数据，可以进一步对建筑物中所有能耗进行综合、全面的精细化管理，及时洞察建筑中用能设备和区域的能效异常，通过优化设备操作流程，提高人员管理效率来实现建筑的持续节能。

3. 工业的数字化转型是大势所趋

工业企业作为能源消耗和碳排放大户，积极应对"双碳"目标是必答题而非选答题。而能源与工业，二者向来有着深刻的耦合关系。当年福特汽车能够形成大规模流水线的制造系统，最深层的驱动力是来自电力对于蒸汽机的替代。既往蒸汽机作为一个主动力源，靠着皮带和齿轮进行远程动力传输，对每一台机器的摆放位置都有严格规定。而电力则可以去掉传送带，重新布局生产线的位置。每台机器都可以获得自己所需要的动力，这让机器获得了解放，从而使得流水线这一工业化最成功的制造系统，成为牢不可破的百年经典。

现在，当人类需要摆脱依赖化石能源的时候，工业系统同样需要一种深刻的变化。工信部提出，要把握数字化、网络化、智能化的发展方向，发挥我国既有基础和优势，统筹推进数字产业化和产业数字化，全面部署5G、工业互联网、数据中心等新一代信息通信基础设施建设，实施制造业数字化转型行动、智能制造工程、中小企业数字化改造等，促进新一代信息技术与制造业充分融合、制造业与服务业深度融合，加快发展数字经济，从而推动实体经济的发展。

| 产业元宇宙

政策催化与市场技术互动,必将产生一种全新的加速度。碳在经济社会中的重要性将史无前例地凸显,有可能成为继土地、劳动力、资本、技术、数据之后,又一个至关重要的市场要素。那么产业元宇宙如何赋能工业的碳中和?产业元宇宙基于传感器集中收集的海量数据,结合软件平台和大数据分析技术,可以实现工业自动化控制、智能化管理。在产业元宇宙的赋能下,企业生产力和工作效率得到提升,同时能源使用和碳排放有效减少,实现节能增效。

4. 智慧交通协同发展

交通作为碳排放持续增长且脱碳迫切性更高的领域,产业优化机会同样巨大,车路协同、智慧停车、智能交通规划等智慧交通应用普遍被提上日程。车路协同基于传感探测、边缘计算、自动驾驶等技术,通过路侧单元、车载终端获取和交互车路信息,对整体道路流量、交通事件、路况进行预判,实现车辆之间、车辆和基础设施之间的智能协同,达到加快路口通行速度、降低车辆燃油消耗、提高交通安全冗余度等目标。

在新能源汽车领域,能源来源的改变也引发了汽车工业变革,为电池管理、电控系统及自动驾驶带来新的产业机会。自动驾驶的节能效果也非常显著。根据密歇根大学的一项测算,相较于非自动驾驶车辆,搭载车间通信系统的自动驾驶车辆通过地图线路优化及刹车制动优化,节能效率达到19%。根据中金公司研究部的预测,2024年个人出行中的自动驾驶将使二氧化碳年排放减少约1.18亿吨。

5. 精准农业预测

与工业相比,农业本身就具有"绿色"属性和多重功能。农业是生态产品的重要供给者。

作为农业大国,我国仍依赖传统农业生产,需要用7%的耕地供应全球20%的人口粮食生产,土地效能严重依赖化肥,生产化肥的过程中也会带来大量碳排放,为了向国民提供粮食和肉类,二氧化碳的固化与中和也存在巨大的优化空间。

精准农业使用预测分析来自动收集和分析有助于提高农场效率、产量的数据。

精准农业有助于消除肥料的过度使用,并可以降低农业对环境的总体影响,同时仍可提高农作物的产量。

基于产业元宇宙的解决方案,可提高农作物产量,减少水、农药和化肥的使用将会降低粮食生产成本,减少径流和对自然生态系统的影响。物联网设备为远距离监测牲畜状况提供了大好机会,能够获得有关牲畜及其健康的数据,这意味着农场管理员可以更快地做出更好的决策,从而带来更高利润。随着越来越多的农民使用农业机器人和无人机,农场变得更加高效,进而生产出质量更高、产量更高的农作物,并且所需的人力也更少。

碳金矩阵:实现碳中和的方法论

如何均衡数字化转型与可持续发展是碳中和实现路径中,摆在每个企业面前的共同难题。碳金能力就是企业在既定时间内应对碳减排过程中所形成的相对优势能力。能够熟练应对碳排放挑战的企业将获得更强的竞争力。这需要企业精心打造绿色制造与智能制造的融合能力。在2030年和2060年两个时间节点之前,拥有领先的碳减排能力就会形成基于时间的竞争力优势,成为新纪元的赢家。碳金能力是企业走向可预期未来的核心竞争力之一。

对于绝大多数企业而言,碳减排是一个新的转型升级倒逼因子。走在行业前列者可能得到更多政策、技术、市场利好,拥有更强竞争力。行动滞后、减排不力者必然感受到更大的相反压力,竞争力变弱。碳金矩阵(见图7.6)作为一种兼顾企业数字化转型与可持续发展的方法论,给出了可诊断、可实施、可优化的全局性思路。

产业元宇宙

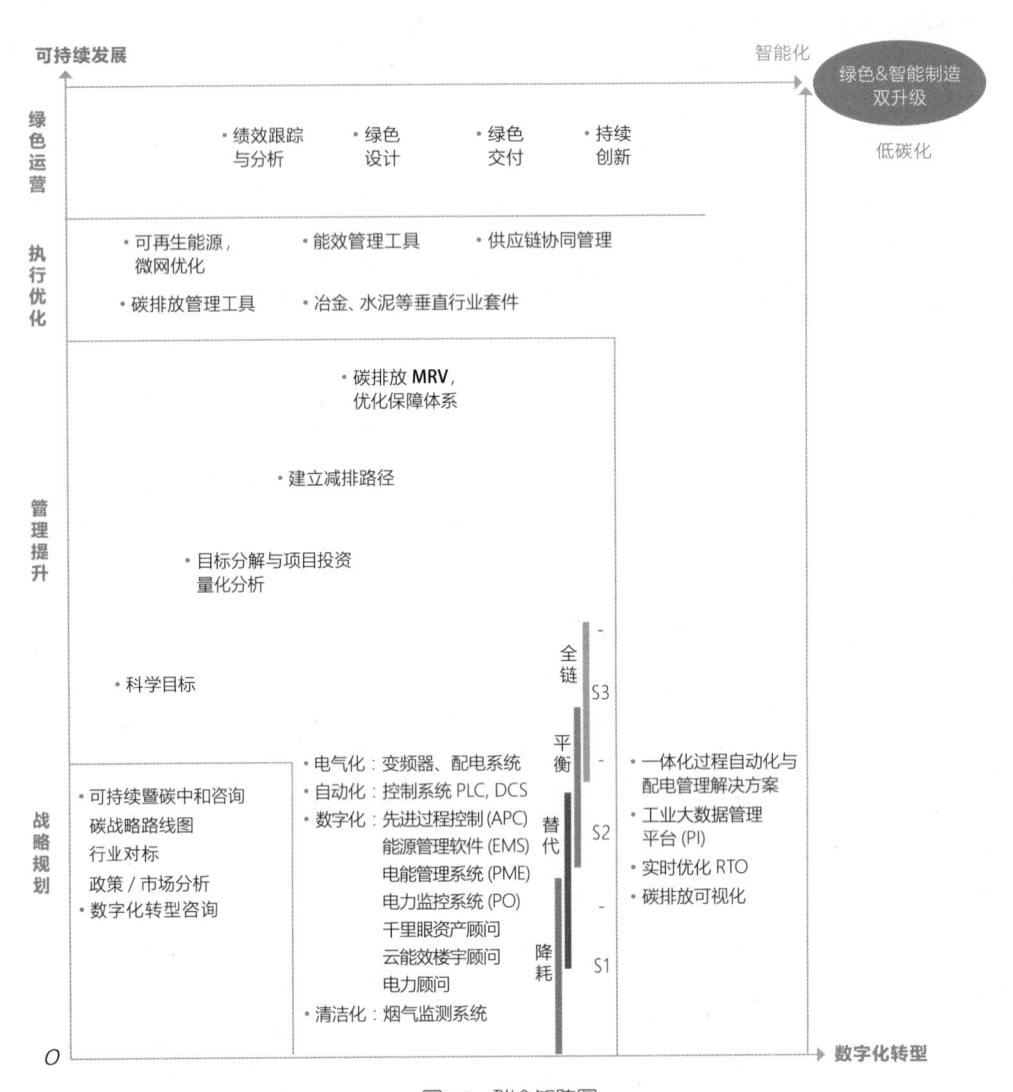

图7.6 碳金矩阵图

在碳金矩阵的方案中，以"清洁化、电气化、数字化和标准化"为导向，分为"可持续发展"和"数字化转型"两个维度来推进。可持续发展就是研发利用更清洁、更有效的技术，尽可能减少对能源和其他自然资源的消耗，尽可能做到"零排放"。

在可持续发展维度，以低碳化为目标，分为四步走：战略规划、管理提升、执

124

行优化、绿色运营。通过这几个可实施的步骤，推动绿色制造。

在战略规划阶段，主要通过政策和市场分析、行业对标、利益相关方调研、能源转型机会分析、管理体系识别和确认，帮助企业制定科学碳目标、碳中和路径、可持续发展管理体系，最终交付给客户市场分析和行业趋势报告、行业对标分析报告、基于企业业务发展的科学碳中和总体战略。其中，包括碳减排的可靠路径设计、企业"碳体质"的检测方案，以及企业碳减排的市场、政策红利及风险归类等。为工业企业把脉查症，为后续结合软/硬件革新升级，实现能源效率优化、供电可靠性优化、分布式能源管理、生产运营管理和供应链优化打好前站，建立精细的碳减排战略规划。

在管理提升阶段，主要是通过梳理和量化碳排放数据，建立监测、报告和核查（MRV）体系以及科学碳目标倡议；量化分析可行性减排举措，建立碳中和路径减排模型；搭建适配企业特征的可持续发展管理体系；进行供应链协同研究。最终交付MRV报告、科学减碳目标制定报告、碳中和实施路径图，以及企业可持续发展管理体系。

在执行优化阶段，主要通过提供数字化现场可再生能源与微网优化工具、数字化能效管理工具、数字化碳排放管理工具，抵消策略协助执行[如核证自愿减排量（CCER）线下交易]，供应链协同管理建设，执行减排计划，落实减排项目和举措，完成目标。

在绿色运营阶段，最终交付能源和可持续发展数字化工具，碳中和项目实施跟踪进展报告。与此同时，通过可视化和权威化的认证结果，可以建立一套数据处理系统和自动化工具，最终交付合规的披露报告，进行报告及绩效的相关认证。通过绿色设计、绿色采购、绿色制造、绿色交付，来提升效率、挖掘机会、持续创新。

通过可持续发展的四个步骤，可以推动企业实践可落地的低碳化行动。这其中，无论是碳排放的追踪、成本优化、风险预知，还是能源优化等，都可以建立在一套框架体系下，实现企业面向未来的可持续发展战略。

碳中和道路任重而道远，既不能过于乐观，也不要过于悲观。据国家发展和改

| 产业元宇宙

革委员会（国家发展改革委）初步分析，按照八大行业来测算，未来的碳排放量将会达到每年30亿~40亿吨的规模。物联网、5G、人工智能等技术正在赋能千行百业，改变整个产业和社会，它们与碳中和技术的融合应用可以加速碳中和目标的实现。根据全球电子可持续发展倡议组织GeSI的估算，ICT相关领域在未来10年内有潜力通过赋能其他行业帮助减排全球碳排放的20%。物联网、人工智能等技术都有与能源、建筑、交通、工业、农业等行业进行结合来促进降低碳排放的应用场景。

第 8 章
产业元宇宙是各行各业的终极愿景

各行各业+元宇宙

家居+元宇宙

园区+元宇宙

农业+元宇宙

工业+元宇宙

交通+元宇宙

| 产业元宇宙

2022年年初，工信部中小企业局发声支持元宇宙，表示要加大力度推动中小企业数字化发展，培育一批进军元宇宙、区块链、人工智能等新兴领域的创新型中小企业。元宇宙被写入工信部报告，这为全国各地布局元宇宙提供了重要指引。据不完全统计，目前上海、武汉、合肥已将元宇宙写入新一年度地方政府工作报告或产业规划，此前浙江、无锡等省市也在相关产业规划中明确了元宇宙领域的发展方向。

产业元宇宙对各行各业意味着什么？一项技术的产生与发展需要为人类社会服务，创造价值，否则便失去了存在的意义。对于很多行业来说，元宇宙为企业未来的发展提供了更多的可能性。元宇宙带来了更宽层次的信息交流与分享，涵盖了更多的场景与交流，各行各业均可以利用元宇宙的平台去构建、发布生产要素。数字孪生、物联网、人工智能等技术经过长期的发展与积累已经日趋完善和成熟，且逐渐融入城市治理的方方面面，应用于千行百业。产业元宇宙预计将会对经济和社会发展产生深层次的作用，为人类发展带来全方位、多层次、宽领域的影响。

各行各业+元宇宙

各行各业对于元宇宙都有着不同梦想、不同定义、不同期待，关注元宇宙折射了我们对于"人类往何处去"的底层性思考，但元宇宙并非无源之水、无本之木，其发展历程始终是立足于过去的底层技术及其文化基质之上的。

元宇宙作为一个虚拟与现实、超存储的永续多人互动空间，将在视觉、听觉及触觉上都会带来全新体验。在新冠肺炎疫情全球防控的背景下，社会上各大行业对于线下工作的开展都做出了一定的规定，未来也将更大程度地运用线上工作的方式进行。而元宇宙能够更好地将线上和线下的互动融为一体，使得参与者获得更高的体验感和满足感。

在这样一个数据爆发的时代，元宇宙无疑将成为未来行业的一个发展趋势，这必将带动一批新兴行业的崛起。像大家熟知的人工智能、云数据、区块链等，这些行业的迅速发展对社会产业的布局都会做出一定的调整，高校培养人才的倾向也会做出一定范围的倾斜。因此，元宇宙对人类发展带来的变化不是简单的技术更新及行业规则的调整，它是全方位、多层次、宽领域的一个影响。

在元宇宙这样的大数据世界里，人类要深刻认识到虚拟世界与现实世界的临界点，既不能混为一谈，也不能够毫无边界。各行各业要合理地开发和应用元宇宙，有助于推动企业进步发展，推动人类社会走向全新的高度。

家居+元宇宙

当下年轻人越来越关心自我，重视自己的生活空间，对家居家装的品质追求体现了年轻人的生活品位。在某社交平台上，近40万人聚集在一个名为"请来参观我的房间"的小组。

如果可以像玩游戏一样，选择自己喜欢的装修风格，更换自己喜欢的家居产品，年轻人的家装难题有望迎刃而解。现在已经有企业在尝试依靠3D、AI、渲染等技术，创造家装过程的游戏类体验。商家、设计师、消费者只需围绕自己喜欢的一件家具，用手机拍摄一个短视频，AI智能设计基于AI深度学习技术、3D技术、实时渲染技术，就能完成对该件家具的3D建模。有了3D模型之后，利用深度序列生成技术，可进行全屋的软/硬装室内搭配设计。一个完整的家居家装元宇宙，需要囊括所有产业链条，链条上的所有个体都有进入元宇宙家装世界的钥匙。

| 产业元宇宙

在完成家庭装修之后，智能家居因其自动化电器产品采用广泛，且用户增长速度迅猛，成为最有可能进行元宇宙落地的应用场景之一。而且智能家居的基础架构与元宇宙并无二致，在我国智能家居出货量大幅增长的环境下，已有不少科技企业瞄向元宇宙这一新领域。简单来说，智能家居就是对传统家居的智能化迭代。智能家居一般是将住宅作为整体平台，使用物联网、云计算、AI等新型技术对家居进行范围设备迭代、集成，从而使得房屋成为智能整体，为用户带来沉浸式居住体验。

智能家居产品可以尝试增加"一键进入元宇宙"模式，当我们脱离现实后，让我们处于一种健康、安全的环境。如果米饭热好了，会在我们的VR显示屏中提醒。如果有人来敲门，可以在不脱离元宇宙的情况下通过监控摄像头或智能猫眼查看是谁。同时，我们可以通过元宇宙中的遥控器控制家里的所有家电产品。

家居元宇宙除对家居行业的销售逻辑及迭代升级逻辑造成冲击外，甚至对于整个智能家居产品设计领域都会带来变革。过去厂商制作一款智能家居产品需要大量地进行设计调研，期间会推出许多的概念产品，但不少概念产品由于种种原因最终没有上市，为了稳妥，厂商通常会推出过去市场中受欢迎的类似产品来生产。而有了元宇宙，厂商就能够尽可能地发挥自己的创意，将所有方案放在元宇宙中让消费者进行体验，如果某款方案大受欢迎并且在成本上能够接受的话，再进行实际生产，这样生产出爆品的概率将会大增。

由此可见，元宇宙有可能对于整个家居行业的商业模式带来颠覆性的改变，从过去的盲目生产到随缘售卖，转变为先大规模预售再择优生产的过程。

工业+元宇宙

我们一起来看看全球知名的饮料企业和造车企业的做法。百威英博是全球最大的啤酒企业之一，共拥有200多家啤酒厂，15万名员工。自1995年进入中国以来，百威英博已经在中国布局了50多家工厂和5000多家渠道分销商。这家企业还是各种新理念的积极实践者，它们尝试着各种新技术和新应用。

在百威英博构建的"元宇宙"中，融合了物理世界和数字世界中的多种元素，创造了一系列的变革性解决方案。在其中我们可以看到数字孪生、机器学习、混合现实、低代码、精准定位等多种技术的叠加，以及由这些技术和系统构建的组合应用，在交织领域开启的全新想象力和创造力。

在生产过程中，百威英博为啤酒厂和供应链创建了一个完整的数字孪生。这套数字模型可以实时同步地反应物理环境的变化，映射出各种天然成分和酿造过程之间的复杂关系。酿酒师们可以更为精准地把握酿造过程，并且及时调整工艺。员工可在任何位置启用共享体验，促进了跨区域的有效知识共享。每个百威英博的员工都可以使用低代码方案，扩展系统中的数据，跟踪产品的生产历史及预测未来状态。

在设备维护环节，百威英博利用深度学习，帮助包装流水线的工程师，检测和处理在生产过程中的各种瓶颈问题；在维修过程中，百威英博在数字孪生的基础上，叠加了混合现实应用系统，鼓励各种远程协作。来自一线的操作员也可以根据这套系统，实时了解产品质量和状态参数，保证设备的正常运行并进行预测性维护。

在产品运输过程中，百威英博通过位置追踪和实时定位，减少供应链的碳排放。在零售端，百威英博通过在线系统为杂货店提供定制化服务。个性化产品的点击率提升近百分之百，订单转化率也提高了67%。元宇宙让整个世界变成了百威英博的创意画布。

2022年年初，韩国汽车制造企业现代汽车宣布与Unity签署合作备忘录，双方将共同构建元宇宙数字虚拟工厂，并构建全新元宇宙发展路线图和平台。Unity提供跨平台的2D和3D游戏引擎，知名的游戏包括《王者荣耀》《炉石传说》《神庙逃亡》等。利用生产创新，现代汽车希望未来可以转型成为一家智能汽车解决方案提供商。双方将共同设计元宇宙工厂Meta-Factory，如果一切顺利，现代汽车将成为全球第一家将元宇宙工厂概念引入汽车制造行业的车企。

市场研究机构IoT Analytics分析了近2500家美国上市公司在2021年第四季度的

财报电话会议，1.7%的企业管理者提到了"元宇宙"这个关键词，比上一季度上升了338%，其中不乏知名企业。比如工业互联网企业PTC，在最近的资料和演讲中，正在使用"产业元宇宙"来替换过去的常用术语，如AR、VR或数字孪生。PTC公司总裁兼首席执行官Jim Heppelmann在2021年11月的演讲中提道："最近你可能听到很多关于元宇宙的声音，我猜你可能希望看到产业元宇宙的现场演示。我们将展示五种Vuforia Spatial Toolbox技术……"是否要跟进元宇宙热潮？对于这个问题，越来越多的企业给出了自己的解答。

提到工业领域的元宇宙应用，关键一步是将模型实体的结构化数据生成物理模型数据，这样三维模型与设备的数据就形成了一一对应的一张映射关系表，诸如XML、JSON等标准格式化数据结构已被工业软件领域充分利用。这时可以通过软件编程的方式控制数据表中的字面信息变量进行如机器人关节的姿态调整、电机转速的调整等。目前很多国内外工厂，则是利用数字化车间看板实现该功能，更多的是以展示、监控为主。

说到这里或许还是少了一些元宇宙的味道，工业领域的目的是让制造升级，比如嵌入专家系统的AR系统，可以指导现场操作工人进行设备的养护、维修等工作，也可以利用5G的远程通信技术实现远程的技术支持，比如现场产线的联机调试、组装等工作，大大节约了时间和专家成本。

园区+元宇宙

大家是否觉得元宇宙离产业园很远？产业园应该如何把握元宇宙的机会？其实现实中的园区元宇宙已经来到我们身边。2022年1月北京首钢园元宇宙上线，用户在首钢园秀池通过手机扫描，无须现实的灯光和烟火效果，即可置身"秀池缤纷世界"，在炫彩灯带条环绕的三高炉和漫天星云中，用户可欣赏虚拟墨甲机器人乐队演出和炫酷闪烁的虚拟灯光秀。

此外，首钢三高炉、水下展厅等景点也设置了打卡拍照点，用户还能通过参加AR实景团战游戏获得沉浸式游戏体验。作为"科幻产业集聚区"首批重点体验项目，河图版新首钢园融历史场景、景区资源、经典案例、XR技术、应用环境于一体，将历史复原场景与科幻宇宙叠加互动。通过钢铁器械、立体空间、机甲飞船、智能机器、全息广告、炫彩灯光等未来元素打造过去、现在与未来融合的元宇宙综合体，并以多人互动游戏的形式构建出赛博朋克风格的沉浸式全景体验地和未来科幻城。

在北京市及石景山区政府的大力推动下，首钢园正在着力打造"科幻产业集聚区"。首钢园具有打造赛博朋克风格的良好基础，是展示最新最炫的科幻及元宇宙技术的绝佳平台。首钢园成功举办了2020年、2021年中国科幻大会，"中关村科幻产业创新中心"（元宇宙中心）在园区内落地，全国首个"科幻产业联合体"也在这里发布。

无独有偶，2022年3月"外滩元宇宙中心"在上海德必外滩8号WE揭牌。未来，这里将构建成一个国际化的元宇宙产业交流和发展空间，国内外的元宇宙产业技术力量将在此携手探索元宇宙产业的新生态、新发展。

总休上说，产业园主要有两个途径可以亲密接触元宇宙，一个是科技，另一个是场景。

从科技途径来讲，产业园要想分享园区企业的发展红利，一个重要的升级方向就是构建元宇宙产业生态。这个产业生态并不是开几场元宇宙技术论坛，对接相关资源这样的简单聚合，而是通过产业网络的价值分析，将能够产生整合价值的若干个企业整合形成一个个小的产业生态。首先让这些小生态中的企业通过整合获得更大的市场竞争力和更高的整合附加值，然后再将一个个小生态互连起来，形成更大范围的整合价值，每个企业在加入产业生态之后都会获得比单独发展更多的机会，这种情况下产业生态就会汇聚越来越多有价值的企业。

从场景途径来讲，产业园一方面可以为园区内的科技企业人才带来更多创新灵感，使企业人才更加满足园区的工作体验；另一方面以创意场景结合科技品牌，为园

| 产业元宇宙

区企业提供独特的品牌创意方案，可以为企业提升品牌影响力提供意想不到的效果。

从园区自身的管理来看，产业元宇宙有助于管理应用的"装备升级"。智慧园区本质上是基于数据整合共享的结果，通过数据的分析提供决策，通过信息技术提升园区的管理和服务能力，实现软/硬环境的协同，让园区变得更加智慧化。

产业元宇宙所强调的沉浸感、低延时、随时随地的特性，为园区全流程化管理提出重要的优化方向，而其中很重要的数字孪生和数字主线技术的出现对园区的管理和运营影响巨大。元宇宙的出现将倒逼园区运行模式和服务模式变革，带来园区管理部门的合并重组。未来，园区管理运营人员或将分为虚实两类，在虚拟空间中完成园区管理、服务等职能，在现实空间中完成巡查、执法等职能。

交通+元宇宙

从前车马很慢，书信很远，一辈子只够做一件事。如今科技瞬变，发展很快，按键版的老爷机沾上了厚厚的灰尘，老式的"大脑袋"电视被丢弃在了回收站，人们用上了新款的5G手机和语音全面屏大电视，就连汽车也变得不再是简简单单的代步工具了。汽车正从以往单纯"以车为中心"的出行工具转变成"以人为中心"的"移动第三空间"，并在语音识别、人脸识别等技术的支撑下，渐渐变成了一个可以提供一系列出行服务的"伴侣"。

在这条由智能科技催生的新赛道上，无论是传统车企、造车新势力，还是国际大牌、自主品牌，一家又一家车企都在为之付出努力，只为提升人们美好的出行生活体验。因此，车企们积极拥抱产业元宇宙，也在意料之中。仅老牌车企上汽集团一家，便一口气申请了100多个与元宇宙相关的商标类别，商标使用范围包含了汽车研发、生产和销售等各个方面。

综合来看，汽车行业对元宇宙概念的融合发展主要表现在两个方面，其一是抢注与其相关的商标，另一则是将元宇宙的概念植入现有的品牌活动中，无论何种表现，多是为了借此概念炒热和拉高市值，对将元宇宙概念真正应用到汽车生活场景中尚有一定距离。

为何偏偏是元宇宙？2010年我国在全球范围内率先启动了储能电池纯电动汽车产业化，这些年来，各大国际标志性汽车大厂由观望姿态纷纷投身于电动化事业，甚至晒出了禁售燃油车时间表，汽车百年未有之大变革的序幕已然拉开。现阶段而言，汽车电动化已经取得阶段性的进展，网联化、智能化被提到更显眼的位置，汽车从一个机械产品开始扩展为"超级移动智能终端"和由软件定义的互联网、电子信息高科技产品。这么看来，元宇宙的概念其实和汽车智能化理念不谋而合，只是元宇宙的未来感更强，且囊括的范围更广。

究其种种，元宇宙能在众多领域尤其是汽车行业火热起来，其实是必然的。值得一提的是，虽然在研发和制造汽车的技术方面，无论是新旧车企，其技术能力都不必怀疑，但汽车要走智能化、网联化道路，无疑需要跨界迈入大数据、系统软件等高新技术领域，对于造车企业而言，无疑是全新的探索，独食难咽，依靠更专业的科技企业和互联网企业才是更好的选择。

此外，当辅助驾驶已经逐渐变成汽车标配，科技公司、车企们开始研发、测试更高阶的自动驾驶技术之际，元宇宙概念将能推动其更好的落地。一方面，自动驾驶技术的研发测试需要耗费巨大的资金成本，另一方面，自动驾驶本质是将人托付给机器，面临着极高的风险需要面对和解决。

虽然元宇宙离我们还很远，但是在交通和汽车领域有一些发展趋势是确定的。比如通过接入交通路况数据，对实时交通指数、拥堵路段、交通事故、监控视频等信息进行监测，结合专业的模型算法，对辖区路况态势进行科学评估，为交通管理指挥提供科学的决策支持。在虚拟空间通过模拟各类重大交通事故和人员行为，可最大限度地还原真实情况的发生。在治安管理方面，对管辖区域各类治安重点人员和敏感人群进行多维度可视化监测，包括各类重点人员的数量、敏感事件、流向、地域分布、运行轨迹、流入流出方式等信息，实现"行知去向，动知轨迹"，增强公安部门主动预防和打击犯罪的能力。

产业元宇宙

农业+元宇宙

春种一粒粟，秋收万颗子。农业生产周期较长，且随着天气气候、土壤条件等环境因素的影响而变化。如果耗费人力、物力去进行农业生产技术研究，不仅成本高昂，且实施条件苛刻，难以产出创新成果。而元宇宙的应用，或可能解决这一难题。

已经有企业实现了农业采摘机器人的案例，这些企业通过对果园、果树三维建模，构建出了整个果园的高精度三维模型，然后在虚拟世界中设定好采摘机器人的运动规划方案，再映射到现实中的机器人大脑中，完成机器人的自动采摘工作，降低果园管理成本。苹果采摘机器人理论上可以实现1秒采摘1个苹果，因此，元宇宙在未来的农业生产上很有应用前景。

2021年12月，广东也实现了农业元宇宙的"破冰"，推出了首个农业虚拟人物"小柑妹"（见图8.1），并探索构建出一个农业元宇宙，让真实世界的信息在虚拟世界得到补充，打造真人与虚拟人的互动场景。"小柑妹"与真人无异，长相清秀，一双大眼睛中瞳孔分明，编着俏皮的大辫子，头上别着柑橘样式的发卡，声音甜美。"小柑妹"说，来元宇宙认养一棵德庆贡柑树，远程浇水、施肥、监测等都可以由"她"来提供服务。这一场景也明确了首个农业虚拟人物的身份——德庆贡柑虚拟管家。元宇宙有潜力帮助整个农业提升效率，加速农业现代化的进程。

图8.1 首个农业虚拟人物"小柑妹"

目前我国农业的问题绝大部分是由于生产效率、生产安全等方面导致的。"农业+元宇宙"产生的虚拟数字人或虚拟人物仅仅是消费端体验环节，借助元宇宙提高农业生产效率，提升产品品质才是行业的当务之急。借助信息技术促进全要素的数字化转型，能够提升农村数字化的生产力，同时带动生产方式变革、生产关系再造及经济结构调整，培育经济新增长点，形成新动能。

当前，信息技术在农业领域的应用处于初级阶段。在未来发展中，信息技术将会演化成人机互动、参与决策、智慧反馈。从简单的效率提高到先进的智慧决策，农业大脑将发展出人脑所不具备的能力，并极大解放生产力，推动农业发展迈入新阶段。

"农业+元宇宙"的应用关键是人机互动，农业生产者、经营者把AR或VR、3D等技术应用到农业生产与管理之中，从而提高农业生产效率和管理效率，乃至提升农产品品质。具体的应用场景包括以下方面。

1. 农业科研

农业是土地和时间的艺术，农业领域的任何创新都需要一年以上的周期去验证和调整。元宇宙中VR技术的出现可以帮助我们缩短周期和成本。农业元宇宙可以在虚拟环境中体现植物的整个生长过程，也可以在短短的几十分钟内收集到大量的植物生长数据，一改传统农业难以量化的特点，为智能化和精细化农业提供帮助。

2. 农产品质量安全

前沿的技术大大降低了对农产品质量信息的获取成本，提升了消费者对品牌的信任度。当下人们越来越注重参与和体验，元宇宙引入农产品生产源头，可以说是一个必然的过程，在应用场景上适合与认养农业相结合。

3. 农村电商

农业元宇宙和农村电商的联结是化解食品安全和供需矛盾等方面的痛点，即消费者和生产者之间缺乏有效沟通的重要手段。消费者通过农业元宇宙终端就可以看到产品产地的所有情况，然后根据个人所需选购买相应产品，产品从采摘到快递到家全程可控。

4. 农业生产

农业元宇宙可以利用以前的真实信息，在一个模拟环境中，实现对动物从器官、组织、系统到整体的精确模拟，通过操作者的调控，"虚拟动物"将能模仿真实动物做出各种反应，这对模拟动物的生存环境、营养需要、遗传性和品种等具有重大意义。

5. 农业体验

试想一下，我们在家里通过VR交互设备来到元宇宙农场，这个农场在2000千米外的新疆，或者在8000千米外的欧洲，你开着收割机为养殖的5000头牛收割玉米青贮饲料……农业元宇宙为人们创造出一个体验农民的空间。

农业元宇宙的大胆尝试已经屡见不鲜。据莫斯科农业与粮食部门介绍，莫斯科当地的一些农场主正在进行一项实验，以验证给奶牛戴上VR头戴设备是否可以减轻焦虑并增加牛奶产量（见图8.2）。为此，有关部门聘请了许多IT技术领域的专家，包括VR设计师，专门给奶牛设计创建了夏季田野的VR场景，并针对牛头和牛的视觉进行了特别设计，尽量为奶牛营造更加舒适的"佩戴体验"。首次测试显示，观看"夏季田野"风光的奶牛焦虑减轻，整体情绪升高，相关部门表示后续还将进行更细致的研究。

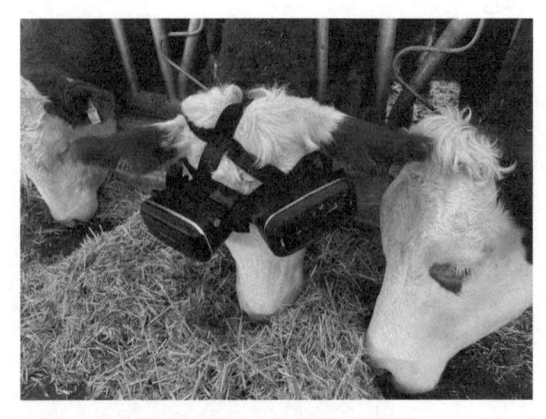

图8.2 戴上VR头戴设备的奶牛

农业正在改变过去那种"面朝黄土背朝天"的传统形象,也有越来越多的消费者愿意参与到农业生产中。元宇宙为农业参与提供了更多可能性。

农业作为最重要、最基础的产业,对新技术的渴求不予言表。在技术演进和人类需求的共同推动下,元宇宙场景的实现及元宇宙产业的成熟只是一个时间问题。作为真实世界的延伸与拓展,元宇宙所带来的巨大机遇和革命性作用是值得期待的。最前沿的技术与最古老的产业相遇,"农业+元宇宙"一定能激荡出前所未有的变革。

第 9 章
如何通过产业元宇宙获利

- 产业元宇宙的创新商业模式
- 产业元宇宙的商业模式演进
- 如何构建产业元宇宙护城河
- 产业元宇宙的原生和衍生经济
- 游戏化是产业元宇宙经济的催化剂
- "市值"最高的公司将来自产业元宇宙
- 如何投资产业元宇宙
- 在产业元宇宙中获利的案例
- 元宇宙中获利的终极密码

产业元宇宙

从我们建设产业元宇宙的过程来看,虚拟世界将逐步完整,虚拟与现实之间的界限逐步模糊,我们可以把很多应用场景搬到产业元宇宙。当然在产业元宇宙建成的那一天到来之前,我们需要"沿途下蛋",以支撑我们更好地登上产业元宇宙这座珠穆朗玛峰。"沿途下蛋"这个词最早在无人驾驶的研究中被提出。因为"沿途下蛋",将来即便是我们不能在马路上实施无人驾驶,但可以在生产线上使用,在管理流程中使用,在低速条件下的工作中使用……各种东西都可以引入无人驾驶这个思维概念,但是它不一定就是无人驾驶。对于产业元宇宙也是如此,我们不一定必须把整个业务转移到产业元宇宙中才能从中获利。

从商业模式和经济形态上来看,产业元宇宙将产生原生经济与衍生经济两种范式。产业元宇宙时代的产业格局将发生巨大的变化,人与人、人与物、人与虚拟世界之间的底层关系被元宇宙进行了重构。参考互联网时代、移动互联网时代,在人们推进数字化的过程中,创造了一大批的科技巨头,随着产业元宇宙的发展,在这个新的时代,我们将看到一代新企业的崛起。在现实世界中,人们拥有稳定社交网络的人数是150人,这个上限是基于我们在时间、空间中能够接触和深入交流的人的数量,元宇宙的出现将打破这个数量上限。过去没有生命的物体将被赋予"灵魂",我们每个人与不同的智能硬件、各式各样虚拟世界中的人物,都将产生一定程度的"社交",人类更深层次的需求有可能被激活。

如今我们正在进入一个分工更加清晰和细化的时代,产业元宇宙整合了虚拟现实、物联网、人工智能、区块链等技术,可以为个人与企业提供更加精准的服务。现在我们能够获得的大部分服务都是通用化的,很难充分体现我们的个性和喜好,而未来服务的颗粒度将被切分得更加细致,我们获得的是恰到好处的贴心对待。

产业元宇宙的创新商业模式

在本书的第2章,我们按照人的数字身份与现实身份,将物理世界和虚拟世界进行了4个象限的划分,即元宇宙包括数字原生、现实复现、数字孪生及超越现实。

我们将元宇宙分为消费元宇宙和产业元宇宙,消费元宇宙侧重于坐标轴的右侧,产业元宇宙侧重于坐标轴的左侧,通过虚拟世界改造和提升人们在现实世界的体验和生活。

因此消费元宇宙与产业元宇宙在商业模式中的侧重点也有所不同。消费元宇宙商业模式的重心在于搭建和拓展虚拟世界,而产业元宇宙的商业模式的重心在于利用虚拟世界强化和反哺现实世界。

消费元宇宙中的商业模式不一定能够简单复制到产业元宇宙中。典型的商业模式包括元宇宙建造服务、元宇宙地产租借、数字收藏品销售,以及沉浸式娱乐体验等。

1. 元宇宙建造服务

因为元宇宙是一个新的虚拟世界,人们在元宇宙的建造中要投入较多的精力和时间,元宇宙土地所有者也可以是机构,希望聘请更专业的团队进行建筑、装修、设计等。这就产生了元宇宙建造服务的第三方承包商,用来帮助用户打造完成自己心仪的建筑或场所等。

2. 元宇宙地产租赁

在元宇宙中人们既然可以买卖虚拟土地,那么能不能租赁虚拟土地呢?答案是肯定的,而且相关公司正在深耕此领域,提供以虚拟房地产为中心的服务,包括所有主要虚拟世界的专家级咨询、在元宇宙中寻找适合任何需求的租金、现有虚拟不动产的物业管理等。虚拟地产租赁公司的存在能够提高此类人购买虚拟土地的欲望。

3. 数字收藏品销售

在虚拟世界也会有艺术品的创作,国外称为NFT,国内称为数字收藏品,在交易规则以及监管层面都有着不一样的定义。我们在元宇宙中的资产都必须是以数字资产形式呈现的。

4. 沉浸式娱乐体验

沉浸就是让人专注在当前氛围下而忘记真实世界的体验。元宇宙吸引人的地方在于，它能够让人们获取真实世界中无法体会的体验，例如，在空中翱翔、在月球漫步，或是在魔法世界挥舞法杖。沉浸式体验主要是把真实世界中不可能有的环境带给用户。

这些都是消费元宇宙的典型商业模式，但在产业元宇宙领域不一定能够创造价值。究其原因，底层逻辑在于消费元宇宙和产业元宇宙的经济逻辑不同。

在探索元宇宙的经济逻辑之前，我们不妨先对现实世界中的经济逻辑进行一些思考。在现实世界中，经济逻辑的起点是什么？即稀缺性。所谓"稀缺性"，指人的欲望的无限性和现实条件有限性之间的矛盾。这是经济学最基础的一个概念，只要我们活在世界上，必然会面对稀缺，但是消费领域的稀缺性和产业领域的"稀缺性"不尽相同。

作为消费个体，我们每个人都有各种各样的欲望，并且这种欲望是无限膨胀的。没吃饱时想吃饱，吃饱了后想吃好，吃得好了，又想穿得更好……欲望的膨胀总是无穷无尽的。但相比于欲望，现实条件总是有限的。由于稀缺，我们衡量着各种商品的效用，供需、产权、价格等一系列概念也就应运而生了。在消费元宇宙当中，不会有稀缺了吗？事实上，即使在元宇宙，稀缺性也会存在。而且，必须有稀缺性。"虚拟经济学"领域的先驱、美国印第安纳大学教授爱德华·卡斯特罗瓦曾经对数字条件下稀缺性存在的必然性给出解释。因此在元宇宙这样的一个虚拟世界，稀缺性并非像真实世界那样源自物理规律的限制，而是来自人们的构建。比如数字水印、数字权利管理，以及NFT等重要技术，其实都是为了构建稀缺的技术。在元宇宙当中，人们完全可以对数码造物实现无限的复制，稀缺本来可以不存在。而借助NFT技术，每一个物品都可以被打上独有的标签，或者赋予特殊的含义，从而成为独一无二的东西。这样一来，稀缺就被制造了出来。

作为企业成员，我们的交易过程更加理性，决策流程也更加复杂。企业都希望提升生产和运营效率，提供更好的产品和服务。如果一家企业的解决方案能够帮助客户节省成本、提高生产率、带来收益，那么这家企业就创造了"稀缺"。因此对于企业来说，要想拥有稀缺性，必须要能运用领先科技、优质管理和品牌效应，在市场上为其产品构建一条"护城河"，从而有效阻挡竞争对手的挑战。巴菲特在给投资者的信中常常喜欢强调"护城河"的重要性："你们不要忘记，经营企业如同守城，应当先考虑挖一条深沟，以便将盗贼隔绝在城堡之外……我们不一定要具备杀死恶龙的本领，只要躲开它远一点就可以做得很好了。"要建立这条护城河，对于厂商来说，必须能以低于竞争对手的价格销售具有稀缺性的产品或服务，或者在价格相当时能比竞争对手提供更高质量的产品或服务。

因此消费元宇宙和产业元宇宙是基于两种不同的稀缺性，构建自己的商业模式。从时效性上来看，产业元宇宙可能会有创造超额利润的时期，但是将会非常短暂。对任何一个新兴的市场机会来说，都有一个"打天下"和"守天下"的问题。开始的时候，那些敢于吃螃蟹，率先开拓市场、打下天下的企业往往能够获得超额利润，不过从长期来看，只有那些能够守住天下的企业才能享受稳定的利润。这个规律屡试不爽，无论是工业自动化、通信设备、云平台还是企业服务，那些试图趁"打天下"的黄金时光赶捞第一桶金的人，往往成了"先烈"。从产业元宇宙价值链的层次上来看，无论是底层的技术基础设施、技术平台还是应用生态，辅以适当的激励机制，都能形成商业模式的闭环。

产业元宇宙的商业模式演进

结合数字经济的发展规律和上述消费元宇宙的商业模式，产业元宇宙商业模式或将从"一对一"基建交易型，到"一对N"平台服务型，再到"N对N"生态共生型不断演进。

1. 基建模式："一对一"直接交易

基建模式是产业元宇宙早期基础建设需求驱动下，需求方与建设方直接交易的初级阶段商业模式。数字基建商与数字服务商，直接售卖产业元宇宙建设所需的软/硬件基建产品和服务。这些基建产品与服务包括基于垂直产业的各类数字孪生体，如制造业的设备、工作站、产线、车间、工厂、工业园区等数字孪生体；产业元宇宙入口的各类交互设备，如3D扫描成像仪、3D裸眼投影仪、全息投影仪、头显等；产业元宇宙通信与算力硬件，如芯片（GPU/CPU/5G/6G芯片）、元宇宙服务器（如浪潮Meta Engine）等；基于上述标准产品的定制化服务。企业可以通过基建模式切入产业元宇宙赛道而获得先机。

2. 平台模式："一对N"平台服务

基建模式的不断落地将催生产业元宇宙进阶的平台型商业模式。平台型商业模式不再是基建模式的一对一交易，而是一对N服务，一个主导方"搭台"，N个参与方"唱戏"。各类产业元宇宙经济体系的平台将不断涌现。典型的平台模式有：

工具型平台模式。如提供广大用户开发3D与数字孪生模型的"元"协作众创平台。大众与奥迪通过Unity引擎，实现工业机器人、制造工厂的优化设计的同时，开展多人同时"在场"的发动机组装、易损汽车零配件包装培训等。英伟达推出的3D与数字孪生协作平台Omniverse等，都是此类协作众创平台模式的初步实践。

广告型平台模式。以土地建筑、数字孪生体等产业元宇宙核心元素为载体的长尾型"元"广告租赁平台。本质上就是拥有一定流量入口的数字空间的出租服务，类似开放地图平台的企业位置有偿标注服务，供B端"元"产品展示、"元"活动开展。百度希壤平台正朝此方向迭代。

交易型平台模式。基于垂直产业工艺、农艺、园艺、病理等专业经验的，如NFT的应用方案、算法模型、数字孪生体等的"元"交易平台。阿里蚂蚁链鲸探与腾讯至信链幻核NFT平台，均从C端的NFT交易平台切入，未来会逐步发力产业B端。

搜索型平台模式。产业元宇宙的搜索型平台，定位为融合数字基建商、服务商的各类"元"产品、"元"服务、"元"能力、"元"资源、"元"方案的B端搜索引擎。快睿科技立足元宇宙全场景内容，推出Qury曲率搜索，正致力于打造此类型平台。

类似互联网经济的平台型商业模式将不断成熟。软件定义各产业元宇宙算力硬件、入口设备的API能力平台，不同场景设备的"在场"众包运维平台模式等都会逐步涌现。

3. 生态模式："N对N"生态共建共生

生态模式是在平台一对N模式的基础上，N对N共生。随着产业元宇宙的不断发展，"一对N"平台模式中，平台与平台间的连接与融合将越发紧密，产业元宇宙的各价值链环节也将进一步打通。届时，作为元宇宙中的N个数字原住民"元"AI数字人，也会借助数字孪生等场景，创造数字原生内容（从UGC到AIGC），参与到产业元宇宙共创共建中，成为基于垂直产业场景的"元"共生体一分子。

本书的创作，可谓是"N对N"的内容生产生态模式的初阶实践。本书作者彭昭作为发起人，发动业界相关企业、个体，基于飞书开源众创，通过NFT平台Mirror众筹，并按共创作者的贡献分配收益。1个发起人，N个个体与企业作者，N个众筹支持者，通过多个去中心化平台（Mirror、飞书等），基于区块链与DAO保障，构成项目"元"共生体，共创高价值内容，共享内容收益。

在工业场景，针对工业设备的产品全生命周期管理，工具平台方、开发者、设备厂商与零部件厂、设备运维方、设备使用用户、AI数字人等组建针对某工业产品的设备"元"共生体。以工业机器人"元"共生体为例，工业机器人设备原厂协同其自动化应用用户，发起特定场景产品定制开发需求；基于此需求，开发者们在数字孪生工具平台上原厂协同、用户设计新品数字孪生体；厂商联合零部件厂测试、量产、迭代工业机器人新产品，并协同用户发起新品调试、运维需求；在用户试用、投产使用、报废回收过程中，厂商、开发者、设备运维方协同调试运维、迭代产品、优化工艺，实现工业机器人新品的全生命周期共建。还可进一步调用工业机器人、运维AI数字人，在数据孪生体的数据与模型的基础上，进一步优化并提出决策建议。而工业机器人新产品、运维及共创模型产生的收益，可根据共生体各参与方的贡献大小进行分配。

在医疗康养场景,各类平台服务商、医养用户个体、医生和专家、医养AI数字人等,共生构建医养"元"共生体。医养数字孪生平台服务商,通过用户的智能穿戴与植入式医疗传感器数据接口,打通线下医疗检测设备的影像、声音等数据接口,搭建独一无二的用户数字孪生体(进阶版"数字化身")。用户的实时健康与检测数据,通过云问诊平台,由一个或多个医生、科研机构专家线上远程共诊。同时,医疗领域的AI数字人,基于用户数字孪生体数据,还可以辅助医生、科研机构人员,进一步优化专科医疗知识和模型,开展深入的病理研究,并做进一步的健康风险评价。用户全过程的个体数据均通过元宇宙加密平台加密保护。共生体中企业、个人、AI数字人等各方贡献与利益分配均由基于NFT平台的合约保障。医养"元"共生体,促进了医疗资源的更合理分配,实现了更高效、更具性价比的群体性疾病研究和个体的精准医疗、疾病预防与康养建议。

在出行场景,针对现实世界交通出行问题,城市交通元宇宙平台搭建在城市数字孪生地图上,通过用户的网联车、共享汽车及无人车,打通道路信号灯、监控等设备接口,构建交通数字孪生体。平台映射现实世界的实时路况的同时,结合各类车辆孪生体出行计划,利用路况推演算法与出行领域AI数字人,实时推演路况,为交通管理指挥提供决策支撑,甚至自主优化道路信号灯等,以缓解拥堵路况、处理交通事故,监控治安重点人员和敏感人群等。

出行场景在用户、车企、保险公司、第三方服务商共创的出行元宇宙平台里,基于驾驶行为与出行数据的用户驾驶模型、车企汽车孪生体、自动驾驶模型、保险公司精算模型、地图、气候服务商等,将"N对N"共生在同一元宇宙平台,实现对出行、驾驶人员个性差异的量化服务。另外,通过平台里的保险专业的AI数字人,各家保险公司精算模型被构建,并不断优化,甚至统一成一套针对全用户、全场景的出行车险精算模型,从而实现真正意义上的全员精准保险。而在这个过程中,各车企、保险公司、服务商,甚至用户本身可以通过基于NFT的数据、算法等,精准切分、获得收益或降低自身出行保障成本。

生态模式的共生体中,用户与供应商的角色越来越弱化,两者之间的关系从对立到不断融合。在上述出行元宇宙场景中，驾驶者因共享自身的驾驶数据，让自身具有用户（购买保险公司车险）与供应商（"销售"数据）双重角色。驾驶者（共享行驶数据）、保险公司（共享精算模型）、车企（共享汽车数字孪生体）、AI数字人（出行/车险算法），在元宇宙平台中，共创统一的出行车险精算模型，融合成出行"元"共生体，共存、共利、共生。"N对N"共建共生的生态模式是成熟阶段产业元宇宙的典型商业模式。工业、农业、医疗、教育、文旅、金融等各个垂直产业，均将在产业元宇宙里，成长出各自场景的"元"共生体，共同落地、持续推进各实体产业的深度发展。

如何构建产业元宇宙护城河

我们先从反面的例子说起，宣布进军元宇宙和拥有护城河不是一回事。2021年10月，扎克伯格宣布Facebook将改名为Meta，聚焦建立元宇宙，押注这将是移动互联网的后继发展趋势，一时将元宇宙和Meta送上热搜。然而到了2022年2月，新闻的头版头条几乎都是"元宇宙崩盘？Meta历史性暴跌，市值蒸发2300亿美元！""扎克伯格'气哭'了：Meta搞元宇宙巨亏，股价暴跌市值蒸发2000多亿美元！"等，标题格外吸引眼球。

这些表述不免引起人们的误解，其中的逻辑谬误在于将Meta的市值蒸发与搞元宇宙建立强关联，并且归因于Meta元宇宙布局失利。其实这次Meta股价的暴跌是其数年来埋下多颗雷的一次集中爆炸，并不能简单将责任归在元宇宙头上。

Meta大跌的背后，表面是其元宇宙故事太遥远、太烧钱，不被资本市场买账，但分析其本质，支撑Meta发展的两大核心，社交网络用户数量和广告营收均现严峻危机，Meta"大厦"根基的裂痕已经无法掩饰。财报显示，Meta在2021第四季度营收为336.71亿美元，与上年同期的280.72亿美元相比增长20%；净利润为102.85亿

> 产业元宇宙

美元,与上年同期的净利润112.19亿美元相比下降8%。虽然营收仍在增长,但重点在于Meta日活、月活用户均不达预期。2021年第四季度Meta Platforms的日活用户数为19.3亿人(预期19.5亿人),月活用户数为29.1亿人(预期29.5亿人)。这是有记录以来该平台的日活用户数量首次出现季度下滑。加之Meta的"元宇宙"部门过去一年亏损超过100亿美元……由此引发了市场的大规模抛售,Meta股价狂泻,市值一度缩水2340亿美元,创下美股历史上个股最大单日缩水纪录。

从元宇宙的布局上来看,Meta欠缺"护城河",难以占据元宇宙的C位。自从Facebook更名为Meta,一石激起千层浪。许多公司都曾经历过更名。比如谷歌更名为Alphabet,通过重组向外界表明,其业务范围已远超最初的搜索引擎,Alphabet是一个集合体。但是Facebook更名则与众不同。更名之后,Meta既是公司名称又是企业愿景,这也意味着如果不能占据元宇宙的C位,Meta很可能失去立足之地。因此很多人将Meta视作元宇宙的代名词,但实际上并非如此。

扎克伯格所期望的是,通过元宇宙开启新的社交模式,在下一个技术时代里,覆盖10亿用户,并支持几千亿美元的电商市场,继续占领过去Facebook打下的生态位。期望要靠实力作为支撑,Meta在元宇宙布局中的隐患,令其距离C位仍有差距。首先,扎克伯克并没有试图借助在社交媒体领域积累的优势,变成一种开放性的服务能力,平移和扩展到最大范围的第三方元宇宙终端硬件。而是一厢情愿的认为VR将是未来的主流计算平台,试图打造一个VR版的社交网络来吸引年轻人,但是人们其实并没有必须使用VR进行社交的充分理由。其次,元宇宙的生态系统建立是最难的部分,需要大量的内容创作者、开发者、消费者、软硬件企业、商家等积极加入和提供支撑。然而一些VR初创公司和开发者表示,Meta正在破坏VR市场的竞争。Meta抄袭竞争对手的创意,并使一些应用程序很难在其平台上正常运行。典型的受害者比如BigScreen,该公司的创始人CEO达尔山披露,当用户在BigScreen租借电影时,他们必须使用Quest应用进行购买,并被强制缴纳30%的租赁费。他说:"任何人都不可能在VR领域开展电子商务或媒体业务,因为这是有围墙的花园,还有人看门。"

因此想要产业元宇宙领域站稳脚跟,并不是宣布更名或者推出新品就可以轻松实现的。在第2章，我们提到产业元宇宙的着眼点在于服务的规模化。一旦企业从产品和服务跨越到产业元宇宙，新的生态体系就将呼之欲出。企业的重心从卖产品逐步迁移到卖服务，并且基于服务实现企业的规模化发展。

这也就意味着，在产业元宇宙时代，第一产业、第二产业、第三产业将不分彼此。过去，我们习惯将不同产业进行人为划分。第一产业主要是指农业、林业、牧业、渔业。第二产业主要是指利用自然界和第一产业提供的基本材料进行加工处理的制造业。第三产业即服务业，是指除第一产业、第二产业以外的其他行业。

关于什么是服务业，这个概念在理论界尚有争议，一般认为服务业指的是从事服务产品的生产部门和企业的集合。借用美国营销大师菲利普·科特勒的名言："顾客买的不是钻头，而是墙上的洞。"换言之，过去企业直接销售硬件或软件，以产品为导向；现在则可以直接通过服务实现客户想要达成的目的，以结果为导向。产业元宇宙让农业、制造业产品的供应链追踪，以及设备数据的监控和虚拟化呈现成为现实，由此弱化了第一产业与第三产业、第二产业与第三产业之间的分界线，让产品与服务连为一体，服务成为发展重心，进而形成新的产业元宇宙服务业。

因此，要想跟随产业元宇宙的浪潮，企业需要建立一套全新的技术基础设施。这个技术矩阵包括产品硬件、软件应用、用于互联的网络通信系统、产品云、网络安全工具套装、获取外部数据的接口以及与其他业务系统连接的工具。其中，产品数据库、应用平台、规则/数据分析引擎和智能产品应用的建立，为产业元宇宙中的服务业铺设了基础设施。智能互联产品在用户和产品生产者之间，建立了持续的数据流。基于这些数据流，生产者可以为用户提供更好的产品体验以及增值服务，通过产品的长期运营获取新的收入。

《商业模式导航：变革商业的55种模式》一书中指出，单纯的产品创新已经不能满足未来发展的需求，人们需要将更多的注意力转移到新型商业模式上来。书中介绍了引发商业变革的55种模式，万变不离其宗，这些商业模式中都包含了4个基本要素，即Who、What、How和Value。Who：目标客户是谁？ What：向客户提供的价值主张是什么？ How：交付价值主张的价值链怎么构成？ Value：价值如何被创造？随着上述4个基本要素从旧体系转变到新体系，产业元宇宙服务的新型商业模式由此诞生。很多传统企业正在把握这次商业创新，这里以两个案例作为代表。

传统企业转型：蒂森克虏伯

很多分析报告都阐述过数字化转型对企业价值重大，但只有不到30%的企业最终能够承受住数字化大潮中夹杂的风浪，成功实现新的蜕变，德国工业企业蒂森克虏伯就是其中的典型。蒂森克虏伯很早就意识到，客户购买的不是电梯，而是良好的乘坐体验。早在2017年，蒂森克虏伯就给全球的工程师配备了HoloLens设备（见图9.1）。蒂森克虏伯的智能互联电梯数量已经由0增长到了目前的20万部。其采用了多种技术，实时监测电梯的使用性能，利用AI系统识别电梯何时需要维修、更换部件、预防性系统维护等，将电梯因维保而停用的时间缩短一半。随着接入的电梯越多，蒂森克虏伯得到的数据点就越多，各项预测就越准确，服务就更到位。

图9.1 蒂森克虏伯的工程师正在使用AR进行电梯检修

服务类型升级：史基浦机场

位于荷兰阿姆斯特丹的史基浦机场是世界上最具可持续发展性的机场之一，而且它正在转型成为新型服务的运营商。作为全球最繁忙的机场，加强资产管理对于优化安全、提高效率和提升旅客体验至关重要。从2015年开始使用建筑信息模型，将其建筑和资产的所有方面集成到一个单一的可视3D模型中。该数字孪生模型可以实时访问、编辑和共享，随着航站楼大量数据被采用，模型变得更加精确。与此同时，史基浦机场还推出了自己的新型应用网络，覆盖了所有公共区域，比如到达大厅与出发大厅、休息室、航站楼与史基浦广场，还有行李厅与停机坪等非公共区域。与Wi-Fi相比，该网络覆盖范围更广、耗电量更小，所以它非常适合智能传感器的彼此连接并进行远距离数据传输。传感器将史基浦机场的设施与互联网相连，来自这些传感器的信息为机场提供了实时洞察和分析，用于改善旅客服务并提升机场运力。

过去，卖产品和卖服务往往只能二选一。现在，既要卖产品也要卖服务成为常态。过去，服务业严重依赖人类的"边际交付时间"，所以在世界500强企业中，做产品的公司要远多于做服务的公司。现在，产业元宇宙让服务业可以尽量脱离对时间、空间、人力的依赖，开创了不受限的新疆域。

还有更多的可能性正在被开启。我们可以在元宇宙里面仿真宇宙大爆炸，让学生能够学习宇宙、天文学相关的知识。而艺术类的学生则可以观看画家如何完成一幅画，雕塑家如何完成一个雕像等。我们可以利用产业元宇宙开发新的医疗服务，如今医疗服务的数字化解决方案有越来越多的需求，新冠肺炎疫情在这方面更起到了推波助澜的效应。如今一个真正完整的元宇宙尚未完全落地，面向未来只有想不到没有做不到的。

产业元宇宙的原生和衍生经济

产业元宇宙极大地促进了信息和价值的自由流动。过去我们看到了物品自由流动带来的经济效益，现在我们看到了信息和数据自由流动所创造的繁荣，未来我们将会看到价值和服务自由流动的规模化发展。

这种流动性的增强，底层逻辑在于NFT和DAO的兴起。在第5章我们曾经介绍过NFT是一种可交易的资产，可以在区块链上跟踪谁拥有某一数字物品——比如一件艺术品或电子游戏角色。NFT在2021年进入了主流意识，成为继加密货币后又一种热门的虚拟资产。NFT的出现实现了虚拟物品的资产化，它能够映射虚拟物品，将虚拟

产业元宇宙

物品成为交易的实体，使虚拟用品资产化，还可以把任意的数据内容通过链接进行链上映射，使NFT成为数据内容的资产性实体，从而实现数据内容的价值流转。

通过映射，数字资产、游戏装备、装饰、土地产权都有了它的交易实体。NFT的存在改变了传统虚拟商品的交易模式，用户创作者可以直接通过生产虚拟商品、交易虚拟商品，就如同现实世界的交易买卖一般。NFT可以脱离游戏平台，让用户之间可以自由交易相关NFT资产。在元宇宙爆火、大型企业参与、各路明星纷纷涌入等因素的广泛助推下，NFT热度持续升温。以NFT藏品中最出圈项目之一的"无聊猿"价格为例，该藏品发售时仅需190美元，而现在这组藏品的"地板价"已经超过了30万美元，最高交易价格更是达到了291万美元。据第三方数据机构nonfungible统计，2021年NFT交易规模达到140亿美元，规模高达新冠肺炎疫情前的2019年全球艺术品拍卖总额105.7亿美元的1.3倍。

DAO（去中心化自治组织）是适应元宇宙的组织方式，是一种人类创作与协同的新形态，也是一种后公司时期的新形态，将来人们的经济活动可能会越来越多地依靠DAO这种模式。生产环境的变革催生着新的组织形式，从大航海时代到元宇宙，组织形式将不断变化演进。Web 2.0时代，巨头对数据的垄断已被社会关注，而元宇宙DAO的组织规则由程序监督运行，组织规则最终的保障是代码。代码的事前约束使得DAO能在更低信任的模式下构建，用户在数字世界可更广泛地参与全球协作。区块链技术保障了"Code is Law"，而DAO保障了规则有序制定、执行，两者是元宇宙制度的基石。比特币网络就是最简单的DAO，任何人都可以随时加入网络成为节点并提供算力保障账本安全。以太坊进一步支持智能合约，使得去中心化执行的通用计算成为可能。在此基础上衍生出的各类应用均基于代码规则的DAO而实现。这为构建以5G、物联网、AI、云算力为底层的元宇宙提供了可能，Web 3.0的世界将更加扁平化。

NFT和DAO可以说是解锁元宇宙发展的底层密码，创造了价值和服务自由流动的载体。它们的出现让人类可以汇聚众多个体的微薄力量，长期、持续地完成一件件伟大的"作品"。有了数据与信息自由流动的基础，叠加上价值和服务的自由流动，我们可以想象产业元宇宙即将创造的经济体量将有多么巨大。

在产业元宇宙创造的经济形态中,可以分为原生经济和衍生经济。原生经济是现有互联网经济的扩展,将物理的经济活动映射到虚拟世界。比如从线下购物映射到产业元宇宙电商,从现场参观映射到虚拟展厅。产业元宇宙的原生经济将会具有很大的体量。

在产业元宇宙的原生经济之上,将会逐步发展出新的经济形态,也就是衍生经济。它不单纯只是现实经济的虚拟映射,而是依托现实与虚拟的交互,以及虚拟与虚拟之间的共生,衍生出来的新的价值交互形态。比如前文曾经提到,现在地球上共有70多亿人,在虚拟世界里,可能会有数百亿人在从事商业活动。社交关系、商业关系会千百倍于我们的物理世界,千百倍于地球上目前总的资源、总的人口,商业活动的空间被扩大,十倍几十倍的消费需求、商业需求将被释放出来。

举个例子,现在的旅游景点一般是通过门票或者景点特色礼品获利,在产业元宇宙中,旅游景点可以创造自己的虚拟映射,让更多的游客可以身临其境的远程体验,现场的游客也可以通过VR和AR等技术体验更奇幻的旅游感受。更进一步,景点可以定义来自古代或未来的虚拟人物,讲解各个典故的由来,游客可以和这些虚拟人交朋友或者合影。随着景点的数字内容越来越丰富,游客也会获得越来越好的体验,激发游客自己创造和分享内容,形成飞轮效益,让每个参与者都能从旅游景点的改善与提升中获益。

游戏化是产业元宇宙经济的催化剂

为了激发产业元宇宙的经济发展,一个不可或缺的指标是娱乐性。也就是说,在产业元宇宙中,产业的数字化一定要与游戏相结合。曾经大家对谈论游戏产业有一些抵触,觉得游戏距离实体产业比较远,但现在我们发现一点儿也不远,而且游戏正在与传统产业互相融合。

| 产业元宇宙

　　游戏不再只是游戏。游戏代表着科技应用和创新的前沿,随着游戏引擎应用领域的发展,游戏与传统行业的衔接越发紧密。举例来说,基于游戏技术的模拟仿真,大大降低了自动驾驶的研发成本。不仅是在国内,全球领先的自动驾驶研发厂商,纷纷转型使用游戏引擎来进行测试。业界公认技术领先的谷歌无人车Waymo,在现实中只完成了0.2亿英里的道路测试,但在虚拟场景中已经进行了150亿英里的仿真测试。宝马公司透露,该公司95%的自动驾驶汽车测试都是在模拟环境中进行的,而不是在实际道路上进行的。

　　一些研究机构也正在借鉴游戏的方式,让传统产业的生产过程变得"平易近人"。韩国科学技术高等研究院(KAIST)使用元宇宙技术,在校园内开设了一个特殊体验区。佩戴VR设备的参观者,可以在虚拟现实环境中实践螺丝生产线的现场操作,调整注塑机的压力或生产速度,监控制造过程(见图9.2)。

图9.2　佩戴VR设备的参观者体验生产线的现场操作

　　提到游戏,很多人首先想到的是其娱乐性,但是游戏也代表着科技应用和创新的前沿。游戏在过去数10年中,拉近了个人计算机、图形化界面、互联网等新技术与普通人的距离,也为软/硬件和通信市场创造出了市场需求,为整个数字社会的发展做出了贡献。如今随着游戏引擎应用领域的增加,游戏与传统行业的衔接越发紧密。

　　当下火热的元宇宙,其最佳体验入口和重要终端场景就是游戏。从某种意义上说，元宇宙空间的建造任务之一，就是打造大型的虚拟世界游戏场景。同时，游戏引擎在跨行业应用中产生的价值不容忽视。汇聚了多种前沿技术的游戏引擎，已成为推动传统产业走向数实融合、构建数字孪生的重要工具，被应用于民用航空、汽车制造等工业场景，在智能仿真模拟、数字孪生和自动化等领域发挥了积极作用。

电子科技大学计算机科学与工程学院副教授谢宁认为，"游戏是一个闭环的，具有反馈式互动性的实时环境。这种特性，恰恰为我们当今很多人机协同智能、大规模多智能体等问题，提供了非常有效的验证场景。"尤其是产业元宇宙，作为新一代信息技术与工业经济深度融合的全新生态，游戏的融入可能将为其提供新的发展路径。作为虚拟技术的载体，游戏可以在数字孪生的构建中扮演起"新型工业软件"的角色。

得益于游戏引擎在3D建模、物理特性及动作方面的长期积累，工业场景能够以相对较低的成本1∶1打造物理世界的数字孪生，并将沉浸式的虚拟环境提升到一个新的水平。在游戏环境中，多名工程师可以像玩家一样实时感知、分析、推理、决策和行动，尝试工业企业测试生产环境中的数千个潜在场景，在复杂多变的可能性中选择最佳策略。

波音、宝马、斗山等公司已经采用这些策略优化自己的生产流程。波音公司宣布了在元宇宙中设计飞机的目标，计划在未来10年内投资150亿美元用于数字化改造。按计划，元宇宙功能可能会在两年内集成到波音的飞机制造过程中。在宝马公司最新的生产过程中，生产一辆车不仅只需一分钟，而且每辆车都是不同的。生产过程自始至终在元宇宙环境中进行模拟、创建数字孪生，并且以动力传动系统中的机器人和人类协同工作的方式开展工作流程。

韩国斗山工程机械利用游戏引擎，在虚拟环境中实现建筑工地的各种工作场景，在提高现场作业效率的同时，提前在规划阶段发现可能出现的错误与安全事故，让更精准、更快速的施工作业成为可能。并且斗山工程机械提出了未来建筑工地解决方案概念"CONCEPT-X"无人自动化解决方案（见图9.3），这是一套通过无人机和3D扫描对施工现场进行测量，自动分析生成施工计划，交由无人挖掘机、装载机等进行的施工现场综合解决方案。

| 产业元宇宙

图9.3 未来建筑工地解决方案概念"CONCEPT-X"

"市值"最高的公司将来自产业元宇宙

  时代的变迁是永远不会停止的主旋律，未来产业元宇宙企业中有望诞生全球市值最高的企业。点拾投资曾经追踪了过去30年标普前十大公司的变迁，带给我们很多启发。虽然单看一两年变化很小，但是5年、10年变化却很大。20世纪80年代的特征是原油企业的大景气，到了20世纪90年代迎来了消费的浪潮，之后是第一次的互联网泡沫，在泡沫崩溃之后我们看到了金融股的崛起，以及盛极而衰后的2008年金融危机的发生，随后移动互联网的崛起，到今天市值最大的企业都来自同一个领域——科技。

  20世纪80年代，石油企业家喻户晓。虽然在1980年，标普市值最大的公司是当时的科技股IBM和通信股AT&T，但是石油公司基本上占据了前十的其他位置，在Exxon和Mobil两家石油巨头合并前，IBM和AT&T都是当时全世界最大的公司，排在后面的标准石油也是耳熟能详的公司。

  1990年，消费大牛市出现。20世纪80年代的原油危机，是石油巨头垄断的10

年。到了20世纪90年代，消费巨头开始崛起。这一时期我们看到了两个特别熟悉的名字：沃尔玛和可口可乐，它们分别排名第八和第十。零售巨头沃尔玛当时的市值也就342亿美元，即使已经是全美市值最大的零售股，空间还是极大的。可口可乐市值310亿美元。

2000年，网络股泡沫破灭。标普在突破1500点后阶段性见顶，之后整整调整了3年。整个排名也因为网络股泡沫破灭，出现了大调整。思科成了市值最大的科技股，排名第五。花旗集团市值2873亿美元，排名第四。AIG保险成了进入榜单的新公司，而微软市值较上一年度缩小一半以上，只有2312亿美元。

2004年，金融牛市来临。排名前十的榜单中出现了多个金融股，包括花旗、美洲银行、AIG。其中美洲银行是第一次进入榜单，这家银行继续扩大其市值，成为美国最大的前四家银行，直到下一次的危机来临。

2008年，百年一遇的金融危机。这一年标普出现了巨大的回撤，指数跌幅超过36%，而跌幅超过80%的个股比比皆是。全球股市每天都在暴跌，大量的金融企业被私有化。在市值排名上，Exxon Mobil还是第一，沃尔玛比较抗跌排名第二，曾经火爆的金融股只有一家在前十，即JP Morgan。

2013年，**移动互联网的元年**。中国随着微信的升级换代、移动终端的渗透，也爆发了第一次的移动互联网流量红利。在美国，谷歌来到了第三的位置，市值达到了3810亿美元，超越了过去的老大微软。苹果依然市值第一。IBM开始了大跌，离开了前十的榜单。

之后的故事我们都很熟悉，整个互联网出现了强者恒强的特征，全球的经济都在被大型互联网企业"吃掉"。而且这些互联网企业的市值似乎没有任何停下脚步的迹象，它们正在越变越大，而成为巨无霸之后依然能够保持非常快速的增长，科技的垄断依然在继续。

怪不得巴菲特说现在和过去不同了，现在是科技的时代。全球股票市值最高的五大公司全部是科技公司，这五大公司的市值占美国5000家上市公司市值总和的十分之一。

| 产业元宇宙

对于整个人类来说，最大的财富不在过去而在未来。未来，产业元宇宙企业将会蓬勃发展。相比过去的自然资源、金融资源、土地资源，我们逐步进化到数据资源，也就是说，数据成了人类经济活动最主要的资源。现在全球范围市值前十大公司，或者每个国家、每个市场的前十大公司里面，至少有3家已经是以数据经营为主的公司。它们的资产就是数据，比如谷歌、Meta，凭借规模优势，站在浪潮之巅。

但是互联网的人口红利正在逐步见顶，规模优势不再，未来数据的存储方式、收益权都有可能发生根本性的变化，基于数据的经营方式也会发生根本的变化。虚拟空间和虚拟产品的运营将带来新的商业模式，下一代的互联网、未来产业和新金融，都会与现状有很大不同。

以下一代互联网为例，复星集团联合创始人梁信军曾经预判，大而全的互联网服务平台也许很难在元宇宙生存。因为当前Web 2.0的互联网都是大而全类型，比如Meta、谷歌几乎覆盖所有的服务，让用户在一个平台上完成所有的交易，所有的服务需求都可以得到满足。但到了Web 3.0，绝大部分的服务需求都将由元宇宙的基础服务设施来支持，会有更多小而精的去中心化平台来创造更好的用户体验。对于下一代产业而言，大而全同样并不适用于未来，大企业的研发颗粒度过大，并不能很好地满足多样化的B2B需求，现有巨头企业的洗牌和迭代在所难免，面向未来的产业元宇宙企业即将崛起，成为全球"市值"之冠。

需要说明的是，这里的"市值"并不等同于我们的传统认知。如今我们的很多评估指标并不适用未来，很典型的例子即GDP。据英国经济学家安格斯·麦迪森估算，鸦片战争前的1820年，中国的GDP高居世界第一，占全球比重达32.9%，而美国只占1.8%，欧洲30多个国家加起来也只有24.9%。然而当时中国的GDP中绝大部分是农业，而西方国家通过工业革命大大提升了工业化水平及军事实力。如果单看GDP，根本不能解释为什么GDP总量约为英国7倍的中国在鸦片战争中会被打败。"市值"也是如此，对于未来的优质企业，我们可能需要一套更好的评估指标。

如何投资产业元宇宙

未来唯一确定的事是不确定。从个人角度来讲，可以在资产配置中考虑产业元宇宙相关的投资，从企业角度来讲，在元宇宙时代最重要的是不要被淘汰出局。

我们都称巴菲特是"股神"，巴菲特却从来不这样看自己，巴菲特在他致股东的信中一次又一次地说："我的工作是配置。"不同的大师，对投资有完全不同的观点，但是所有的大师都认可一点，那就是资产配置是决定投资长期业绩的最重要因素。

根据彭博的分析研究，元宇宙ETF资产或在2022年年底前超过20亿美元。Roundhill Ball Metaverse ETF于2021年6月30日推出，曾以主题ETF的创纪录速度吸纳资产。在不到两个月的时间里，流入这只ETF的资金超过了1亿美元。

韩国的元宇宙ETF则轻松打破了这一纪录，在两周内吸纳了超过2亿美元的资金。香港首只元宇宙ETF南方东英元宇宙概念ETF于2022年2月上市，每股单价约为7.8港元，最低投资门槛为780港元。南方东英元宇宙概念ETF通过主要投资直接或者间接从事元宇宙发展的产品或者服务的公司，以实现长期资本增值。基金聚焦于元宇宙四大关键领域，实现全产业链布局，充分享受元宇宙快速发展的机遇。这四大领域涉及：元宇宙基础设施（包括计算、网络、接入）、元宇宙构建技术（包括可视化、同步、通信、算法）、元宇宙应用（包括服务、平台）、元宇宙内容（包括内容创建者、内容分销商）。从ETF构建的元宇宙概念投资组合显示，前十大持仓股均为全球大型科技公司和芯片制造商，包括Meta、Roblox、英伟达、Unity、苹果、Snap、AMD、高通、索尼、腾讯。以上信息仅作参考，不做投资建议。

对于企业来说，在可能到来的元宇宙时代先要确保不被淘汰出局。很多产业元宇宙相关的创新和革命性的技术，值得企业布局。在第5章中，我们提到过元宇宙的六大核心技术领域，即

- 终端硬件：虚拟现实的交汇点；

- 通信网络：正在向元宇宙演进；

- 计算能力：推进元宇宙的"燃料"；

- 数字孪生：不可或缺的"登山杖"；

- 平台、工具和标准：消灭小宇宙；

- 数字支付：闭环经济系统之门。

终端硬件要成为完整版本的元宇宙设备，提升空间还很大，比如我们在创建元宇宙的时候，会不可避免地去"复刻"现实世界的场景，那么工业级别的工业相机、投影和跟踪系统以及扫描传感器等就派上用场了，它以远超人眼的能力以更精细的方式去捕捉各种建筑场景等。通信网络为元宇宙提供持久的、实时的连接、高带宽和分布式的数据传输。其中带宽、延迟和可靠性是三个最重要的指标。计算是元宇宙一切行为的"燃料"，无论是物理计算、渲染、数据协调和同步、人工智能、投影、动作捕捉和翻译等多样化和苛刻的功能，计算都是必不可少的。数字孪生可以为任何物理实体创建其虚拟模型，一个零件、一个部件、一个产品、一台设备、一把加工刀具、一条生产线、一个车间、一座工厂、一个建筑、一座城市，乃至一颗心脏等。

这六大核心技术领域都值得进行深入挖掘，也都是值得投资的方向。元宇宙作为移动互联网的继承者，又被定位为人类休闲、劳动和生存的平台，这一愿景的成功取决于元宇宙是否拥有繁荣的经济，而各种类型的企业是其中的重要参与者。

在产业元宇宙中获利的案例

未来3～5年，最能承载增长想象力故事的赛道，大概率是元宇宙。虽然从产业元宇宙中获利有很多选择，但这并不一定意味着简单。

人们看好元宇宙的理由非常广泛，对零售商和消费品牌来说，这是一个触达全球客户的便捷渠道，一个拥有光明前景的新市场。在这个虚拟空间里，无论是否受到新冠肺炎疫情的滋扰，艺人都可以卖光其演出门票。借助这项技术，你能够邀请专家远程排除大型工业设备的故障，或者让新员工加入进来。此外，白领信息工作者也可以汇聚于此，集思广益，并提出重大设想。谁知道呢？或许其中某个想法将铸就下一个现象级的元宇宙企业。

事实证明，新冠肺炎疫情是助推元宇宙愿景的强大加速器。关停和封锁措施迫使大多数人利用Zoom等视频通信工具进行远程工作、上课和社交。与此同时，无论是AR/VR头戴设备、移动电话、笔记本电脑和游戏机的计算能力、芯片组、几乎无处不在的云，还是5G和光纤入户，我们周围的技术继续变得更好、更快、更便宜。

从元宇宙爆火以来，不乏取得了强劲增长的企业。比如前文曾经提到的Matterport，这是一家致力于提供真实建筑3D版本的空间数据公司。它正在与Meta的人工智能研究部门开展合作。据华尔街估计，Matterport2022年的收入将增长近47%。

还有一些企业从游戏中获益，并逐步渗透到传统产业。最典型的是Unity，它创立于2004年，于2005年开始在推出适用Mac系统的引擎以实现商业化，到2020年实现游戏引擎领域整体市场占有率超50%（移动游戏超70%），AR/VR领域市场占有率超60%的领先地位。IPO时，Unity管理层认为公司的全球潜在市场空间（TAM）在290亿美元，其中游戏领域为120亿美元，非游戏领域（包括建筑、汽车、动画等）为170亿美元，目前Unity在非游戏领域更多的是以战略合作定制方案的方式进行布局。

其实早在2018年前，Unity就宣布进军汽车和交通行业。通过新成立的汽车部门，加大3D渲染技术在上述行业的市场拓展。起初，Unity引擎为汽车制造商和零部件供应商提供实时3D、VR和AR技术支持。此后，Unity发布了两个针对汽车行业的3D应用工具，允许在虚拟环境中进行自动驾驶测试。基于游戏技术的模拟仿真，大大降低了自动驾驶的研发成本。全球领先的自动驾驶研发厂商,也纷纷转型使用游戏引擎来进行测试。这些项目的成熟让游戏与产业元宇宙的叠加效应不断溢出,应用到工业、医疗、交通、教育等实体领域。

混合办公模式是未来潜力最大的工作模式,也有产业元宇宙企业布局于此。根据微软发布的2022全新一期的全球职场趋势报告,57%受访人倾向于远程办公,51%受访人认为考虑在未来1年转向混合办公。其次,作为混合办公模式的一个新兴媒介,其中的AR/VR应用引发了新兴世代的兴趣,51%"Z世代"和48%"千禧一代"认为未来两年会尝试虚拟办公。微美全息是一家全球领先的AR高新技术公司,目前致力于AR等软/硬件产品的研发及以全息云操作系统为载体的生态构建。虚拟办公有望突破物理空间的局限,将带来最接近实地面对面的工作体验,提升办公生产、沟通、协作效率。

由于互联网红利已经减退,资本基于逐利性,急于寻找下一个风口。因此机构们,包括高瓴资本、红杉资本、真格基金、五源资本、险峰长青、晨兴资本、星瀚资本等一线投资机构,均已开启元宇宙赛道布局。

元宇宙中获利的终极密码

元宇宙中获利的终极密码是什么?是创造。创造者经济是释放创造力,让任何人都能以观众为中心谋生或建立业务,而不受过去存在的高技术壁垒的限制。当我们想要获利时,一般想的是如何得到,但是其实最佳的获利手段是给予、构建和创造。

根据Medium知名博主Jon Radoff的分析,我们现在有足够长的历史可供回顾,并看到一个可预测的模式发挥作用,在任何现有的创意产业中都具有下面几个阶段(见图9.4):

- 先锋时代，亚马逊或皮克斯等先行者创造了自己的技术。

- 工程时代，自下而上的工具和中间件出现以支持不堪重负的工程团队。

- 创造时代，自上而下的工具出现以支持更大的创造者市场并改革先前的许多业务。

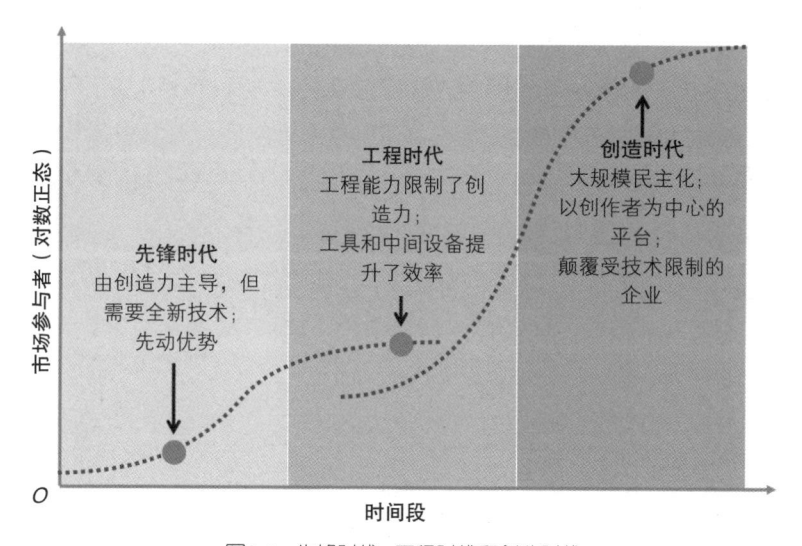

图9.4 先锋时代、工程时代和创造时代

创造者和开发者正在为人们创造内容和体验，他们的竞争优势来自他们对某些社群的独特理解、与受众联系的新方式、新的讲故事形式和对新表达形式的掌握。

如今创造时代已经来临。有数据显示，截至2021年年底，元宇宙沙盒游戏公司robotics平台吸引了170多个国家和地区的800万名创作者，创作了2000万个游戏，其中约100万名开发者能获得收益，超过1000名开发者年收入超过1万美元。黄仁勋也曾透露，英伟达现有的开发者数量约为300万名。"开发者驱动了我们的发展，他们在平台上开发新的软件，这会给我们带来巨大的价值。"黄仁勋表示。2020年第一季度和第三季度开发者总收入为2亿美元，创作平台的推出，极大地降低了设计和制作创意产品的门槛，在NFT等相关技术的支撑下，推动了创造者经济的大繁荣。

2021年，随着"完善开源知识产权和法律体系""鼓励企业开放软件源代码"被

产业元宇宙

列入国家"十四五"规划，国内用户规模最大的代码托管平台的开发者数量突破新高。在国内用户规模最大的代码托管平台Gitee上，总用户数量已经超过800万人。与此同时，来自北美的全球知名代码托管平台GitHub在2021年增加了103万名中国开发者，达到755万人。如今，中国开发者已经成为仅次于美国的第二大开发者群体。

我们都想得到最多的财富，可是最大的财富不是得到的，而是创造出来的，最大的财富不是过去，而是未来，最大的财富不是物质，而是激情。在产业创新中，质量的提升是要求也是衡量标准，智能的创新技术是引擎，而拥有产业视角和创新技术的人才是关键，随着产业创新浪潮的兴起，创造时代已经来临，创造者和开发者将是技术创新和产业创新实现突破的关键力量。

第 10 章
谁在做产业元宇宙

- 企业布局产业元宇宙的方式
- 基于产业元宇宙价值曲线的价值定位布局
- 元宇宙建设的参与者类型
- 元宇宙参与者的未来
- 基于竞争力获取方式的经营模式布局
- 产业元宇宙参与者的典型案例

产业元宇宙

埃隆·马斯克想把人类送到火星，而扎克伯格想把我们留在虚拟世界。谷歌通过Stadia布局云游戏，Epic Games融资10亿美元持续加码元宇宙，推进在《堡垒之夜》和虚幻引擎等领域的发展。英伟达发布元宇宙基础模拟平台Omniverse，可以让用户身临其境地连接到虚拟世界中。

对于元宇宙，传统企业也毫不示弱。典型的企业包括波音、沃尔玛等纷纷跟进，波音豪掷150亿美元进军元宇宙，沃尔玛谋划"元宇宙超市"。

据媒体透露，波音公司宣布了在"元宇宙"中设计飞机的目标，该公司计划在短短两年内实施彻底的变革，包括配备价值3500美元的Microsoft HoloLens耳机的机械师，增加对机器人技术的依赖，以及开发单一、集成的数字信息生态系统。如果一切按计划进行，元宇宙功能可能会在两年内集成到其飞机制造过程中。

沃尔玛则表示其有意制造和销售虚拟商品，包括电子产品、家居装饰、玩具、体育用品和个人护理产品，同时将向用户提供虚拟货币和NFT。事实上，自2021年下半年开始，沃尔玛便加紧了探索元宇宙的脚步。2021年8月，沃尔玛发布了一份关于制定"数字货币战略和产品路线图"，同时确定"与加密货币相关的投资和合作伙伴关系"的招聘广告，而另一份声明中也表示，沃尔玛正在"继续探索新兴技术如何塑造未来的购物体验"。同年10月，沃尔玛启动试点项目，即购物者可以在其美国部分门店的"币星"售卖亭购买比特币。同年12月，沃尔玛又提交了7份单独的商标申请，这些商标申请涉及制造和销售虚拟商品。

大量企业的跟进，标志着元宇宙已成为全球科技巨头对未来发展趋势的新共识，更多的企业正在前来参与的路上。

企业布局产业元宇宙的方式

这一轮元宇宙的布局热潮,时尚品牌、工业互联网企业、车企们,一个都没落下。元宇宙赛道的"发令枪"刚响,他们就跑出了以下7种"姿势"。

1. 在元宇宙开店型

耐克、Gucci、Prada、阿迪……每次科技界有什么新热点,时尚品牌总是跟得最快。比如耐克开了个元宇宙大型旗舰店"Nike Land"。在这个最新的耐克虚拟世界中,用户除了可以在商店里尽情购物,用各种耐克定制产品装扮自己,还可以玩各种体育类的小游戏,甚至可以利用互动体育材料来设计自己的迷你游戏。不过有人体验之后评论了两个字"就这?!"。在虚拟空间中,用户体验到的是蹦耐克床、爬耐克墙等,似乎就是幼儿园水平的智商历练。

2. 注册元宇宙商标型

这一波操作,以车企们为典型代表。蔚来汽车注册了"蔚来元宇宙""蔚宇宙"商标。理想汽车、小鹏汽车分别注册了"理想元宇宙""小鹏元宇宙""车元宇宙"等商标。上汽集团申请注册近百条包含"车元宇宙"字样商标,涉及广告销售、社会服务、通信服务、网站服务等。

3. 并购元宇宙企业型

还是以耐克为例,在迈出了元宇宙布局的第一步之后,紧接着耐克的第二步来了:耐克收购了虚拟运动鞋和收藏品品牌RTFKT。RTFKT公司成立于2020年,主要生产运动鞋等数字产品,并通过使用区块链技术确保产品的真实性。据耐克称,收购RTFKT将帮助公司"提供融合文化和游戏的下一代收藏品"。耐克首席执行官认为,此举有助于加速耐克的数字化转型工作,计划投资RTFKT品牌、服务和发展耐克的创新和创意社区,并扩展耐克的数字足迹和能力。

4. 用元宇宙改造设计与生产流程型

拥抱元宇宙,更高级的姿势是深层次改造。时尚品牌Tommy Hilfiger将元宇宙用

| 产业元宇宙

于产品设计。元宇宙可以构建更易于多方互动的开放式产品设计平台，实现将销售商、最终用户等在内的相关方纳入产品的设计阶段中。预计到2022年年底，Tommy的服装全部将通过3D设计生产，其创建了一个名为Stitch的内部孵化器，用于开发专有的3D设计平台。

啤酒企业百威英博将元宇宙用于生产流程，提升全供应链可视化。在生产过程中，百威英博为啤酒厂和供应链创建了一个完整的数字孪生。这套数字模型可以实时同步地反映物理环境的变化，映射出各种天然成分和酿造过程之间的复杂关系。在运输过程中，百威英博通过位置追踪和实时定位，减少供应链的碳排放。在零售端，百威英博通过在线服务，为杂货店提供定制化推荐。全供应链可视化由此得到显著提升，用户可以在全供应链数字孪生的3D系统中，实时看到所购买商品的交付状态。百威英博个性化产品的点击率提升近百分之百，订单转化率也提高了67%。

无独有偶，现代汽车也计划把现实中的"智能工厂"原封不动地转移到元宇宙平台上，构建"Meta-Factory"，旨在提高工厂运营，推进制造创新，加速向"智能移动出行解决方案供应商"转型。未来，即将量产新车的工厂即使不实际试运营，也可以通过"Meta-Factory"来计算优化后的工厂运转率，从而提高实际工厂的运营效率。

5. 用元宇宙提升用户体验型

迪士尼早在2020年11月就透露了自己的元宇宙战略：用人工智能、VR、机器人、IoT等技术，将虚实共生的游乐园内外整体体验，向更高层级的沉浸感和个性化演进。其推出的智能手环Magic Band，既可当作饭店房间的钥匙，也可当作识别的票券、电子钱包，把游乐园的一切都整合起来。在技术上，Magic Band其实并不复杂，主要是内嵌RFID，消费者在网站上所设定的行程资料都会储存在手环里面。

表面上看，迪士尼只是让游客通过Magic Band为代表的可穿戴设备及手机实现了和周边物理环境进行互动，但这背后的逻辑在于，游乐园本身成了实时在网的游乐园，将物理环境与数字世界无缝结合，创造出特殊的新体验。

6. 主动把握元宇宙话语权型

工业富联提出了更贴合工业场景的元宇宙解读，认为工业元宇宙将覆盖工业生产全链条环节，包括从产品设计、工艺开发、试产测试、产线生产、设备调试、产线巡检、远程运维、经营管理、人员培训、市场营销等端到端的系统。工业元宇宙虽然使用了"元宇宙"的概念，也是新一轮技术革命要素的重叠，但它们的意义和目的却具有产业应用的实际价值。

工业富联认为工业元宇宙的内核仍然是工业制造体系的最优化实现。工业元宇宙将真正实现制造场景与数据场景中"5M+5C"的系统化整合，让数字世界与实体世界双向打通和映射，在元宇宙中实现工业系统中的人、事、物全面互联和关系构建。

7. 探索元宇宙新业务模式型

保时捷发布虚拟游戏超级跑车，名为Vision Gran Turismo。尽管只是针对游戏开发，但在脱离了量产车诸多限制后，该车的设计反而更为大胆前卫。这不禁让人感慨，虚拟世界的确存在着更"完美"的车。保时捷发布虚拟概念车颇具深意。官方称，在游戏世界中更多地提升活跃度，对保时捷来说具有战略意义。看似是将游戏作为开展数字营销的"触点"，保时捷实则是借助游戏将产品接入元宇宙，探索新业务模式的可能性。

元宇宙更有影响力的、所承载的更广泛的虚拟数字技术，正在尝试进入汽车制造领域，围绕用户体验、社交和共创等塑造具象化的场景，打造新商业流量的入口。元宇宙与汽车相结合，能够赋予车企在产品体验和价值创造上的丰富性。

基于产业元宇宙价值曲线的价值定位布局

在上述企业以不同抢跑姿势入局元宇宙赛道的基础上，企业还可以进一步基于

| 产业元宇宙

产业元宇宙产业链的价值环节进行布局。这里先介绍一下产业元宇宙的价值曲线。

如图10.1所示，产业链上下游可将产业元宇宙分为标准、芯片、智能模组、数字交互、制造集成、网络连接、OS+云平台、数字建模及算法。我们先将数字产业各个价值环节锚点，再用线把各锚点连接起来，就得到了这条数字化的产业元宇宙曲线。从左往右看，左侧偏硬，右侧偏软。产业元宇宙价值曲线左侧聚焦数字算力实现，右侧聚焦数字算法应用。从上往下看，曲线上方锚点价值环节被集成度高、价值高，重点布局此环节的企业的经营利润和市值、估值水平也更高。产业元宇宙可按标准、算力、交互、集成、网络、平台与算法进一步划分成七个价值环节，企业可在相应环节布局产业元宇宙。

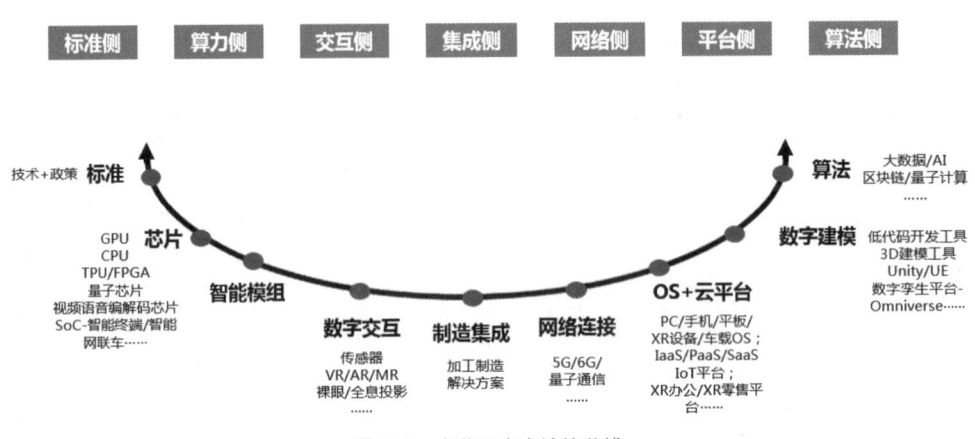

图10.1 产业元宇宙价值曲线

- **标准侧布局**。产业元宇宙的构建与繁荣，离不开元宇宙整体健全、完善的标准体系。包括技术、数据、传输、业务、管理、服务及安全等标准在内，产业元宇宙标准应在元宇宙整体标准体系中统筹考虑。包括Meta在内，部分企业已开始积极在标准侧布局，以寻得先机。鉴于元宇宙分布式、去中心化、自治发展的特殊性，企业布局标准侧能否得到预期回报，还不得而知。不过，在拥有清晰发展路径、核心竞争力的基础上，尽早准备，提前布局，不失为一种战略选择。

- **算力侧布局**。产业元宇宙的实现需要超强算力。中国工程院院士刘韵洁在全球6G技术大会上指出："元宇宙相关技术的实现依靠超强算力，需达到AR/

VR：3900FLPOS，相当于每秒一百京次的浮点运算；区块链：5500FLPOS；AI：16000FLPOS 1级别算力以提供连续长周期、突发短周期智能服务。"目前，国内外芯片企业通过围绕CPU、GPU、SoC、FPGA等芯片、模组的生产制造各环节，在元宇宙算力侧加快布局。AMD公司正加速布局CPU市场，从2019年8月至2021年11月，短短两年多，连续发布第二代、第二代升级版7Fx2系列、第三代EPYC（霄龙）处理器以及"Zen 3"终极版Milan-X，大有挑战摩尔定律之势。在几乎被英伟达、AMD、英特尔三家公司垄断的GPU市场，国内企业景嘉微，正不断加速产品的迭代，努力缩小与国外同类产品代际差距，打造元宇宙时代的"中国芯"。同时，为了满足产业元宇宙的算力所需，IBM、谷歌、阿里达摩院等为数不多的企业，正在积极布局下一代芯片——量子芯片，在元宇宙的赛道上，争取更大的主动权。

- 交互侧布局。交互侧包括传感与执行交互、XR交互两大方面。交互侧作为产业元宇宙的入口，已成为兵家必争之地。

  - 2021年8月字节跳动以50亿元收购Pico，正式入局VR，拿到了元宇宙的通行证。Pico致力于打造全球领先的移动VR硬件及内容平台，兼顾C端与教育、企业培训为主的B端行业市场。技术方面，Pico在其软/硬件平台中，融合UI与人体工程、光学设计与算法、整机系统与低延迟算法、头部追踪与手势识别、眼球追踪与注视点渲染、Haptics与触觉反馈、3D Sound等。市场渠道方面，Pico从自营店、自助机、经销商、运营商四方面布局。2022年其VR设备销售或将超过150万台。

  - 阿里则联手Nreal，发布了适配钉钉线上工作平台的线上办公AR眼镜，实现3D工作环境下的远程沟通与协同。2022年3月，阿里则以6000万美元领投NrealC+轮。2020—2022年，Nreal已获17家知名投资机构，超2.3亿美元融资。

  - 联想推出ThinkReality A3增强现实智能眼镜，积极布局工业元宇宙。在国产大飞机喷漆作业场景，操作人员通过AR智能眼镜与工业机器人联动，可在喷漆间外，无毒气体和粉尘侵蚀的操作室，以手部动作远程操纵机械臂完成喷漆作业。

- 除了头部企业外，中小型公司也在积极布局交互侧。在元宇宙虚拟数字人交互技术领域，中科深智通过行业领先的光学身体捕捉和电学手势捕捉技术，打造光学动捕系统与虚拟直播、摄像系统，提供B端为主的虚拟数字人全栈解决方案，包括电商AI主播、AI主持人、AI导购。公司拥有业界领先的IK（Inverse Kinematics）核心算法（基于3D反向动力学）能力，积极布局产业元宇宙虚拟数字人平台与虚拟交互侧价值环节。目前，已在虚拟直播、虚拟偶像演艺系统、XR拍摄系统、VR多人交互体验、VR及实时动画实训、虚拟制片等领域领先竞争对手。

● 集成侧布局。大多数传统的数字制造与数字化解决方案商，可先从集成侧切入产业元宇宙这一赛道。从集成侧切入，对于大多数企业而言，是布局产业元宇宙路径最短、风险较可控的战略选择。企业可结合自身能力与垂直产业经验，通过落地场景应用，入局产业元宇宙。在此基础上，打磨基于垂直产业场景的产品与服务能力，对产业元宇宙价值曲线左侧的算力侧，或右侧的算法侧进一步布局。

● 网络侧布局。各大运营商通过网络侧优势，积极切入元宇宙赛道。以中国移动为例，中国移动旗下的数字文化内容板块咪咕公司，以谷爱凌为原型，推出5G冰雪数智达人MeetGU体育数字虚拟人；在移动咪咕音乐盛典上，推出音乐数字虚拟人橙络络，代言动感地带；在2021年全球合作伙伴大会上，推出数智达人计划，拟与UFC、NBA打造格斗、篮球数智达人，计划打造百个数智竞技赛事，开启竞技+云游戏元宇宙。为了叠加网络与连接优势，沉淀算力，赋能场景，移动咪咕进一步推出"MIGU元宇宙演进路线图"，其中，M为混合现实世界（Mixed Reality），联合传统影视、音乐、动漫内容优势，探索数字虚拟人、云原生游戏、数智竞技等方向，打造元宇宙世界入口；I为沉浸社交互动（Immersive Social Connection），整合超高清视频、VR、AR、视频彩铃、智能座舱，拓展人与人、人与物、物与物连接场景；G为游戏交互引擎（Gamified Interaction Engine），融合游戏云、分布式渲染、云观战、云助战、云对战等能力，形成游戏化互动云引擎；U为泛在算力网络（Ubiquitous Computing Power），聚合成以算为核心，网为根基，网、云、数、智、安、边、端、链等深度融合的新型数字基础设施。

- 平台侧布局。企业在能力平台（终端操作系统OS、IoT、3D与数字建模、区块链）、场景化云平台（XR办公等）两方面，布局产业元宇宙平台侧。

  - 车载OS布局。当前车载OS市场以QNX（闭源、安全、微内核、高授权费）、Linux（开源、灵活、强功能）和Android（强移植、强生态、弱安全）为三大核心基础操作系统。国内企业积极布局车载OS。华为鸿蒙OS、阿里AliOS、百度小度车载OS、比亚迪DiLink、蔚来NIOOS、小鹏XmartOS等均基于三大核心基础OS的一类或两类深度定制开发。其中，华为鸿蒙是基于万物互联面向全场景微内核的分布式OS，鸿蒙自动驾驶OS微内核为国内首个通过ASIL-D认证的OS内核。作为国内最早布局智能驾驶的车载平台，百度Apollo开放平台吸引了全球逾90个国家的3.6万多名开发者，170多家生态合作伙伴，以及开源56万行代码。腾讯于2017年年底推出的车联AIinCar平台，则将车载场景服务与腾讯生态能力，嵌入车联超级ID、微信支付、AI场景管理、内容/服务管理，以及QQ音乐、大众点评等腾讯相关生态。

  - 3D与数字建模平台布局。Unity、UE、Roblox和Omniverse是产业元宇宙价值环节中主流、典型的3D与数字建模平台。

    - Unity是以3D开发引擎为核心，支持大型插件和资产生态系统，助力XR、游戏、元宇宙业界广大开发人员，搭建开放的、不断云化的数字建模平台。同时，Unity通过并购Weta Digital（打造《阿凡达》特效、曾获得6次奥斯卡最佳视觉奖的电影工业行业领先团队）和Ziva Dynamics，迅速提升竞争壁垒。Unity将收购的Weta Digital VFX工具、Ziva VFX集成到Unity平台，拓展基于更为真实的，如肌肉生长、组织张力及对风水等自然反应物理属性的CGI角色能力，加速实现新一代3D与建模平台能力。2021年9月，Unity推出"Unity云端分布式算力方案"，包含云烘焙（Cloud Bake）、Unity云端分布式资源导入与打包、大模型数据云端轻量化能力，进一步深化其云端平台布局。

▲ 2021年12月推出"测试版"以来,英伟达Omniverse平台已被超过700家公司使用,包括BMW、爱立信、索尼影视动画等。

- XR办公平台布局。作为全球办公软件巨头,微软在XR办公场景化布局、搭建企业元宇宙上当仁不让。微软内部正紧锣密鼓地落地新技术——Mesh for Teams,作为通往产业元宇宙的门户。该技术融合Mesh沉浸式的混合现实功能,并在交互侧打通微软自家的Hololens的XR终端与Kinect体感设备,在云平台侧打通Azure Digital Twin,支持办公人员通过Teams加入协作、召开会议、发送信息、处理共享文档、共享全息体验等。

- 此外,基于区块链的NFT交易、虚拟地产与广告租赁、XR零售等偏消费级的平台,也聚集了大量的头部企业、创业团队入局。

● 算法侧布局。企业在算法能力(大数据、AI、区块链、量子)、算法应用(语音、语义、图像、表情、姿态等)两个方向,布局产业元宇宙算法侧。

- AI算法能力布局。基于飞桨PaddlePaddleAI算法能力框架,百度通过PaddleBoBo项目,创建虚拟主播快速生成算法,大幅度降低虚拟数字人的开发时间与成本。社区开发者用户在PaddleBoBo项目中,基于飞桨框架和PaddleSpeech(语音模型库,给虚拟数字人赋于声音)、PaddleGAN(对抗网络,给虚拟数字人赋于表情)等模型库,只需通过十几行代码,输入图片、文字,调用模型,即可快速创造虚拟数字主播。整个生成过程只需要调用表情迁移、文本转语音、唇形合成三个模型。作为源于产业实践的开源深度学习平台,百度飞桨PaddlePaddle社区已经累计开发者达360万人,AI模型40万个,服务企事业单位13万个,覆盖工业、农业、医疗、城市管理、交通、金融等产业领域。

- 语音算法应用布局。科大讯飞深耕智能语音、自然语言理解算法,致力让机器"能听会说,能理解会思考",在教育、医疗、工业等产业领域应用布局。在2021年10月24日开发者节上,科大讯飞发布虚拟人交互平台1.0。虚拟人交互平台具备多模感知、情感贯穿、多维表达、自主定制能力,不仅具备语音、手势、肢体、嘴型等感知能力，还兼具血压、心跳、脉搏等身体指标采集。在医疗领域，讯飞医疗助理已帮助2亿多病人，给出97万个修正诊疗，使安徽基层医生的合理诊断度从70分提高到了80分；并在健康咨询上已经超过了96.3%的国考全科医生。基于智能语音核心算法的讯飞开放平台，已累计开放AI产品及能力466项，聚集开发者逾302万人，应用数139万个，覆盖终端数逾34亿个，链接生态伙伴逾420万个。

基于竞争力获取方式的经营模式布局

针对自身基因与发展阶段的不同，企业布局产业元宇宙，还可以选择短板木桶、长板木桶、生态木桶三种不同的经营模式。经典的短板木桶理论认为，企业的核心竞争力取决于企业自身在各经营管理板块的最短板。长板木桶布局更注重、更聚焦企业长板能力的获取，企业可以选择产业链伙伴弥补其短板，共同构建企业与企业、企业与个人组团式的核心竞争力。而生态木桶则由元宇宙体系中的企业、个人与AI数字人共同共建共创。作为产业元宇宙的DAO去中心化自治组织单元，一个生态木桶对应一个DAO产业场景"元"共生体，解决某一垂直场景的具体问题，创造场景核心价值。

- 短板木桶布局。适用于已具备一条或多条"现金牛"业务（能持续给企业带来稳定正向现金流的业务）的矩阵大中型互联网或数字化企业。此类布局的企业拥有整个木桶组织，依托"现金牛"长板，聚焦自身能力短板的不断提升，在算力、交互、平台与算法等价值环节，寻求突破，寻求养成新"现金牛"业务。

  - 字节跳动收购Pico，整合其在社交、算法领域的优势，通过投资、并购入局。而Meta则更为激进，借助全球的社交优势，直接转身"All in"元宇宙，推出Horizon Workrooms（地平线工作室）、触觉手套（Meta在2019年收购了

> 产业元宇宙

EMG腕带公司CTRL-Labs）等系列元宇宙工具类、平台类产品，布局产业元宇宙。

- ■ 英伟达基于引领全球的GPU"现金牛"算力业务，积极向价值曲线的左、右侧同时布局。虽然2021年800亿美元收购ARM未果，但在2020年开始布局的数字孪生设计与协作Omniverse平台，已不断开花结果。在汽车、气象等多个产业领域，Omniverse已吸引了超过7万名个人创作者、约4000万3D设计师。平台初具规模，增加了平台侧与算法侧业务。

● **长板木桶布局**。具备数字化软/硬件工具产品基因的初创型公司，通过长板木桶布局，更有可能占得产业元宇宙先机。这些公司，多可提供软件、硬件工具产品，其组织多为平台型组织。长板木桶布局下，企业更关注自身长板，长板为核心竞争力，通过长板再去找组织外的互补能力的长板，搭建新木桶，不再重点关注自身短板。互补企业共同构建新木桶，共同拥有新木桶，同时，充分发挥自身长板，并在产业元宇宙价值环节延长、巩固长板。

- ■ 初创公司优铬科技（UINO）的"物联森友会"平台，发挥其物联网专业领域供需对接平台的长板优势，并以3D、游戏化方式升级其供需平台交互方式，作为交易型平台的商业模式，切入产业元宇宙入口。在"物联森友会"平台上，优铬科技与物联网细分领域的优质端管云产品制造与开发商、方案内容供应商，共同组建了物联网交易领域木桶。

- ■ 2021年初创的XVerse（元象），立足于3D基建，融合音视频编解码、AI算法等，以3D互动内容生产与消费平台为长板，提供一系列的基于AI的3D建模工具，包括建筑、道路、地形及城市、野外、通用的放置工具等，并积极向虚拟数字人、动作行为模型能力拓展。元象借助其3D内容的工具平台长板，与建筑、交通、会展、电商等各垂直产业伙伴，共建长板木桶。

- ■ 推出"中国第一个元宇宙博主"柳夜熙的创壹科技，以小前台、大中台的组织架构，致力于比肩迪士尼的电影工业的内容制作商与孵化元宇宙视频IP的MCN。公司的小前台为独立制作团队，每个IP配置不超过5人的独立制作团队。大中台则将策划、编剧、编导、摄影、摄像、化妆、CG合成、渲染、调音、调色、剪辑等影视制作流程化、标准化。公司借助抖音、视频号等短视频流量平台，构建内容+平台新木桶。在短短3年多的时间，累计视频用户数已超6000万人，播放量已超200亿次。创壹科技通过工业化的制作平台长板，在元宇宙影视内容与流量入口上，占得先机。

- 生态木桶布局。在生态木桶中，企业不再完全拥有木桶组织，企业可以是发起者、组织者，也可以只是参与者。DAO下，企业对生态木桶的控制力越弱，共生伙伴的UGC（用户产生内容）确权越清晰、收益分配的增值比例越大，生态（社区）治理的参与度越高，该生态木桶越具吸引力，生态价值越高。产业元宇宙新兴企业或组织更适用此类布局。企业聚焦实现产业场景的"元"共生体价值。而在"元"共生体中，所有成员基于信任共识，无职务等级之分，均为平等，所有成员共同产生内容，并按劳分配。企业可以在产业元宇宙中，协同产业专业领域企业、专家或AI数字人，发起创建场景"元"共生体。在具体场景"元"共生体中，企业将客户、伙伴的共同价值置于首位。为此，企业将致力于具备独特的核心竞争力。这个竞争力可以是产业元宇宙价值环节的某一技术，也可以是平台运营、商业模式、生态资源的整合力。

  - 由上汽集团、张江高科和阿里巴巴共同投资的初创新能源车企智己，充分整合创始股东在造车和区块链的核心竞争力优势，通过类DAO、数字链接与股权绑定，尝试建立驾驶者、车企、社区为一体的出行"元"共生体，正践行着一场颇有意义的生态木桶式布局。

  - 自智己汽车成立起，其股权架构规划便与传统企业有很大不同。大股东上汽占54%，张江高科与阿里巴巴各占18%，剩下10%股权中，ESOP（核心员工持股平台）占5.1%和CSOP（用户数字权益计划或称"原石谷"计划）占4.9%。智己通过CSOP"原石谷"计划，基于股东的区块链能力自建企业私链，将一定数量的"原石"与公司整体的4.9%股权收益完全绑定，而这些"原石"，则作为众多客户分享数据、共享算力的价值回馈。"原石谷"计划会不定期发布客户共创任务，如通过车载的超视觉方案+3D车库建模能力，为上海4000多个社区的地下车库建立3D模型，并在局部形成高精地图。同时，"原石"通过"里程式开采"规则兑现给客户。客户每千米行驶里程所贡献的行驶数据及完成的共创任务，都将计入全部客户累计的里程开采数据池；客户按既定规则，如时间长短、模型贡献度分配到"原石"。另外，客户也可用"原石"，在商城平台中升级汽车装备、购买保养服务等。当然，基于驾驶数据共享，客户也能在商城平台中，享受到更为精准的出行保险服务。

- 在这个实践过程中，智己汽车将公司股权权益、客户数字资产、汽车算力资源和平台算法能力，融进一个出行"元"共生体，同时构建了一个由企业发起的、内部成员平等的、所有成员均产生内容的、并有信任基础的类DAO。此出行"元"共生体实践，使用户使用产品、贡献数据、传递信息的同时，不断优化共生体内部客户的出行体验，实现客户、企业与社区价值的同步增长。

元宇宙建设的参与者类型

关于元宇宙，中国万向区块链公司董事长肖风博士有很多真知灼见。他认为元宇宙本质上是一个无限游戏，它的经济模式是"利益相关者制度"。价值共创者也就是利益共享者，没有股东、高管、员工之分。所有参与者共建、共创、共治、共享。互联网是消费者驱动，用户数是互联网估值的核心指标。区块链是开发者驱动，开发者社区是区块链成功的标志。元宇宙则是内容创作者驱动，丰富多彩、引人入胜的内容是元宇宙无限游戏的关键。

无限游戏的概念由哲学家詹姆斯·卡斯于1987年提出。他的思想内涵非常丰富，被广泛应用于国际政治、企业管理、游戏设计等诸多领域。无限游戏与有限游戏有着鲜明的对比，有限游戏以取胜为目的，而无限游戏以延续游戏为目的。有限游戏在边界内玩，无限游戏玩的就是边界（开放世界观）。有限游戏具有一个确定的开始和结束，拥有特定的赢家，无限游戏既没有确定的开始和结束（区块链不可停机性），也没有赢家。显然，传统互联网产品大多是有限游戏，以追求利润、战胜竞争对手为目的，而元宇宙如果是构建在区块链智能合约体系之上的，就相当于注入了无限性，这种无限性体现在资产与元数据（游戏规则）的先天性、不可修改性、不可停机性等。

元宇宙最后究竟是什么样子？也许元宇宙的发展并非如我们预测的那样，但它本就是一张由众人共享共创的蓝图，是一场人类集体参与的元叙事。总体来说，不同的企业可以从4个方面参与元宇宙，即工具建造、平台建造、应用提供，以及内容创作。

1. 工具建造者

英伟达提供了Omniverse，微软也在打造元宇宙工具，这是目前为止从工具建造角度来说，最积极、成果也最显著的两家公司。

2. 平台建造者

Facebook已经改名为Meta，就是希望能打造一个平台。英伟达同样也不满足于做工具建造者，它有一个更大的构想，并且迈出了脚步，使我们看见它有能力，且有很大概率能成为一个平台建造者。

3. 应用提供者

就像大家谈到的Roblox、堡垒之夜，包括前不久迪士尼宣布，要建设一个元宇宙世界，这些都是应用提供者。Roblox是元宇宙，但是元宇宙不是Roblox，迪士尼是元宇宙，但元宇宙不是迪士尼，它们都是其中的参与者。

4. 内容创作者

互联网是一种消费者驱动的经济，所以一定要谈流量，谈用户增长，多少个用户值多少钱，给公司做估值。元宇宙是创作者驱动的经济，内容创作者在元宇宙这个网络里创作的不管是游戏、社交还是其他内容，决定了这个网络的价值。

产业元宇宙参与者的典型案例

当我们描述元宇宙的基础设施特征的时候，估计你的脑海产生了一些物联网公司的名字。没错，已经有一些物联网企业正在按照元宇宙的理念构建自己的系统和网络。这里举一些有代表性的实例。

构建物联网企业进入蓝海的"快捷键"

几乎没有企业不想寻找"蓝海"，当时间的车轮驶入2022年，随着移动互联网的增长逼近天花板，物联网的内卷也越来越厉害，什么领域才能成为下一片"蓝海"？"蓝海"意味着企业可以开辟当今还不存在的产业，打开一个未知的市场空间。它代表着创新的需求，代表着高利润增长的机会。在蓝海战略里企业面对少数对手甚至没有竞争对手，企业为客户创造价值，因此企业可以获得高额回报。

开拓蓝海而获得巨大成功的例子很多。1908年，当全美500多家汽车厂都在为客户定做汽车的时候，亨利·福特推出了他的T型车。尽管只有黑色一种颜色和一种型号，但T型车性能可靠、经久耐用、易于修理，价格对大多数家庭来说也都负担得起。跨越式的创新让这款"拥有高价车质量的低价车"一举取代马车成为美国的主要交通工具，把竞争对手远远甩在身后。1978年，当主要的计算机厂商还在专注于制造更大、运算更快的计算机时，苹果公司用II型家用计算机打开了一片新的天地，让计算机不再是技术"怪客"们的工具，而是走进千家万户。

时间回到十几年前，iPhone智能手机的诞生改变了人们与设备之间的交互方式，在同质化问题严重的功能机时代开创了全新市场机遇，随后各大手机厂商纷纷效仿……当下这个时点，新蓝海在哪里？一些企业用行动给出了答案，比如Facebook选择更名Meta，All in Metaverse，随后有越来越多的企业蜂拥而上，入局元宇宙赛道，这无疑将元宇宙推至风口浪尖，使其一跃成为时下最受瞩目的风口。

然而，"All in X"的战略对任何企业而言都是一次谨慎的抉择，稍有不慎便会满盘皆输，但即便如此，依然有企业愿意放手一搏。就在近日，优铑科技推出了号称业界首个物联产业元宇宙的平台——"物联森友会"，从整个公司战略层面来考虑，这几乎是一个"All in元宇宙"的布局。优铑科技是在"豪赌"吗？还是说已经看到了产业元宇宙的"蓝海"前景？带着这些疑问，我们和优铑科技CEO及创始人陈傲寒进行了一次深入交流，探讨的话题有以下几点：

● 产业元宇宙是物联网企业的下一片"蓝海"吗？

● 如是，物联网企业如何进入这片"蓝海"？

● 抵达"蓝海"的"快捷键"在哪里？

传统理念认为，企业价值创新分为两个方向，一是低价策略，用低成本创造低价值。二是差异化策略，即提供竞争对手没有的功能与服务，用高成本创造高价值，提供高附加值的差异化服务。但鱼和熊掌不可兼得，低成本和高价值二者往往只能取其一。

W. 钱·金和勒妮·莫博涅所著的《蓝海战略》一书，打破了企业在价值创新上的固有思维，认为价值与成本之间不再相互排斥，而是整合为一个体系去开创蓝海市场，为企业突围市场提供了一种全新的战略思考与执行途径。我们不妨借用该书中的"买方效用定位图"（见图10.2），来判定元宇宙是否能被冠以"蓝海"之名。"买方效用定位图"纵向列出了6个效用杠杆，企业可以通过拉动杠杆为买方提供杰出效用，横向则是买方对一项产品或服务可能产生的各种体验，二者结合构成了36个潜在"效用空间"。

		买方体验周期的6个阶段					
		购买	配送	使用	补充	维护	处置
6个效用杠杆	客户生产率	找到你需要的产品需要多久？	产品配送需要多长时间？	使用产品是否需要培训或专家协助？	你的产品是否还需要以其他产品或服务作为补充？	产品的维护是否需要外部支持？	产品的使用会不会产生废弃物？
	简单性	购买产品的地点是否有吸引力且容易到达？	拆开包装并安装新产品有多难？	产品闲置时，是否容易保存？	如果是，要花多少钱？	维护和升级产品有多容易？	处理使用后的产品有多容易？
	方便性						
	风险性	交易环境是否安全？	买方是否需要自己安排配送？如果是，需要花多少钱？有多麻烦？	产品的特性和功能是否强大？	要花多少时间？	维护保养要花多少钱？	在安全处理产品方面，有无法律或环境上的问题？
	趣味与形象	完成一次购买行为有多快？		产品或服务提供的功能和选择是否超过一般用户所需？是否过于烦琐花哨？	要带给客户多少不便和难处？获取它们有多难？		处理产品废弃物要花多少钱？
	环保性						

图10.2 买方效用定位图

以上文提及的智能手机为例简单代入分析，触屏打破了原有按键式交互方式，放在买方效应定位图中，其所处使用阶段"趣味与形象"及"方便性"一栏。功能机则处在"简单性"一栏（这一项要对群体进行划分），两种商业的差异，带来了新市场空间的灵感与启示。

当然，这是一个很复杂的分析工具，我们不如化繁为简取其精华，即蓝海战略重点在于，企业将视线从市场供给方转向了需求方，从与对手竞争转向为客户提供价值的飞跃。通过跨越现有竞争边界看市场，以及将不同市场的客户价值元素进行筛选与重排，重建市场与产业边界，以摆脱红海中的血腥战争。

现今，在数字建设成为当代主旋律的背景下，我们正处于时代变革的"窗口期"。由物联网、人工智能、数字孪生为代表的新技术所催生的商业化拐点，重构着中国经济增长方向。面向新的时代，客户也就是需求方在业务流程的"体验"中存在哪些痛点呢？

在陈傲寒看来，高效的获取信息和资源是每个企业都想去解决的问题。互联网时代，信息是碎片化的，而产业互联网的出现可以说是用数字化的手段来消除这些碎片化。比如"滴滴出行"以平台的形态将车辆的资源和乘客的资源进行最优配置，从而解决用户"打车难"的问题。同理，携程将酒店、机票搬进了数字空间，解决人们出行购票的问题；贝壳将二手房信息搬到了数字空间，解决人们"购房难"的问题；美团点评将饭馆甚至每一道菜都搬进数字空间，解决人们"去哪吃"的难题……与之相比，物联网时代的碎片化挑战更加明显，同样需要将一切设备搬到数字空间里，以解决最基本的资源匹配问题。

作为物联网人，我们都能感觉到行业在发展、需求在爆发、机会越来越多，但是我们似乎很难收获行业发展带来的红利，反而项目越做越乱，过程越来越痛苦。复盘我们的经历，这些痛苦的根源就是物联网行业的"碎片化"，有的领域甚至是"粉末化"。物联网的场景极为碎片化，根据测量和采集对象的不同，使用环境不同，选用的设备、采用的方案、选定的施工团队都可能完全不同。场景的碎片化，也就导致了产品的碎片化，项目的碎片化，以及参与企业的碎片化。反过来，也就导致有物联网项目需求的企业用户，很难找到靠谱的团队、成熟的解决方案、合适的产品来解决自己的痛点。

在物联网整个生态链上，分布着大大小小上百万家企业，从产品选型到方案落地，用户难免要跟多个供应商打交道，而每家供应商往往只熟悉自己的上下游企业。当用户要跨层级寻找合作伙伴时，各家实力如何？擅长哪个方面？能不能搞定项目？无从判断。这就是在现实的世界里，上百万家物联网企业每天都遇到的烦恼。这就是为什么，辛辛苦苦这么多年，我们大家仍未充分享受到物联网市场发展带来的红利。

产业元宇宙为我们提供了一种可能性，让信息更透明，让应用更直观，让技术更快地普及。产业元宇宙是以物联网、人工智能、数字孪生为代表的新型信息通信技术与实体经济深度融合的新生态，促进实体产业的高效发展，构建起覆盖全产业链、全价值链的全新制造和服务体系。

很多时候，我们的物联网企业眉飞色舞地向用户介绍物联网方案和产品，但是用户往往无动于衷，因为别人很难脑补这些产品和方案应用到他的场景中，能够带

产业元宇宙

来怎样的收益。在产业元宇宙，我们有机会求解和应对物联网产业碎片化的难题，拉平物联网产业链的层级，让物联网领域的小微企业，也能被看见、被看懂、被需要。因此，展望下一个变革窗口期，产业元宇宙的重要性便不言而喻了。

目前来看，产业元宇宙仍是一个较新的概念，但我们却仍可借助已有的互联网生态来对其窥知一二。复盘互联网近年来的两个重要节点，其一是以"互联网+"为代表的上半场，那一年间各大赛道黑马涌现，由技术所催生的新商业模式及产业形态，在衣、食、住、行等方面实现了全面渗透。

随着赛道趋于饱和、产业红利消退，市场中马太效应逐步显现，互联网下半角逐战正式吹响。此时2B端价值被重新评估，以"BAT"为代表的互联网巨头们纷纷"调转船头"，快速完成了组织架构上的调整，将靶向从2C端瞄准至2B端这个蓝海市场，也就是产业互联网。

相较而言，上半场"互联网+"发力点在于连接，借助互联网信息交换能力实现用户快速触达。下半场则侧重于产业本身，强调技术与产业间的深度融合、重塑与再造。换而言之，就是借助现代信息技术引领新一轮的产业变革。

这一点与产业元宇宙不谋而合，产业元宇宙也在加速着技术与产业的深度融合，激发实体经济的活力和创造力，从而构建起覆盖全产业链、全价值链的全新制造和服务体系。

回到元宇宙本身来看，目前含Roblox、Meta、腾讯、字节跳动等在内的国内外先行者，均侧重在2C端（娱乐化、社交化场景）发力，仿佛让我们看到了互联网上半场的缩影。差异之处在于，当下赛道单一，巨头卡位很可能让新入局者望而却步。

没有产业互联网支持的消费互联网，只是一个空中楼阁。这一理论同样适用元宇宙，因此元宇宙未来必然也将朝着消费元宇宙与产业元宇宙两个方向发展，元宇宙未来或将源起于2C端，但更大的蓝海市场仍然在2B端。

产业互联网的推进离不开新技术加持，如物联网技术的成熟，使人们能够借助传感器实现对世界的全方位感知。随后机器视觉等新技术的出现，将此前无法被机器理解的物理世界以数据结构化而呈现。这些全新且源源不断产生出的新数据类型，将物理世界"脉络"以更直观的数字化方式表现出来。

物理世界是个"有机"整体，数字化无法完整还原出现实世界的容貌。因此，实现数据可视化就成为一条通往元宇宙的必经之路。从这个意义来看，以优锘科技为代表的善于使用数字孪生的物联网企业似乎站在了离产业元宇宙"蓝海"最近的位置。

如果将产业元宇宙比作是一座高峰，那么数字孪生就是不可或缺的"登山杖"。首先，数字孪生帮助物联网企业丰富自身解决方案的数据维度，创建一个自我改进、敏捷和互联的供应链，消除企业项目中的信息盲点，获得更全面、实时的数据洞察。其次，数字孪生便于让物联网企业的潜在用户更好地检索、理解和选择对应的方案。

数字孪生是产业元宇宙中并存的现实世界和虚拟世界这两个世界之间的最佳纽带。数字孪生与来自各种物联网设备的实时数据相连，能够镜像、分析和预测物理对象的行为。虽然关于元宇宙与数字孪生的讨论在游戏和互联网领域最多，但事实上，产业元宇宙中的数字孪生已经被应用多年，也离我们更近。

物联网企业拥抱产业元宇宙要跨越哪些障碍？受传输层、平台层、应用层等方面的限制，不同设备无法在同一体系下共存，于是这些体量庞大的物联网设备构成了一个个"孤岛式"的生态环境。如若将该现状映射至数字世界当中，便会衍生出一个个分崩离析的"小宇宙"，数据与价值的不流通对整个元宇宙产业将带来毁灭性打击。

对2C用户而言，消费者无非是换台设备的事，但放到2B领域，问题就没那么简单了。要知道根据测量对象、使用环境等差异，不同场景在选用硬件、采用方案时面临着诸多挑战。因此在数字空间中，如何解决供给和需求之间的资源匹配问题，成了挡在企业业务变革面前最大的难题。

然而，这些企业打造的数字孪生体只能说是一个个"小宇宙"。此前我们提到产业元宇宙的特征之一是只有一个元宇宙。这就意味着，如果产业元宇宙变得碎片化，形成多个产业小宇宙的话，那么它们不仅不是产业元宇宙，而且会陷入自我拖累的、新一轮碎片化的循环。

还好现在我们有了新型产业元宇宙的构建工具——这也是为什么优锘科技会推出首个物联产业元宇宙平台"物联森友会"的核心原因，优锘科技希望给物联网企业提供一套数字孪生的工具，避免大家重复建设一个个"小宇宙"，从源头上就消除碎片化，将其整合成一个"大宇宙"。

借助一个百万级的森有品数据库与一个十万级的森方案数据库，"物联森友会"为物联网从业者提供从设备选型、方案设计、方案展示、智能运营管理的全生命周期制作工具，并提供海量商机和资源对接平台，整合物联网的碎片化信息，提供各种需求的一站式解决方案。

但如果你仅仅把"物联森友会"理解成一个简单的供需对接产品，那可能还是小看了这个平台。一方面，这是一个完全专注于物联网领域的垂直专业平台，能够提供更细、更全的产品参数和功能；另一方面，"物联森友会"还创新性地以游戏化、可视化的方式构建出的物联网产业新版图，突破了物联网产品与解决方案细碎所导致的种种限制，为企业带来独特营销体验的同时，也大幅降低了以往企业花费的搭建成本。

陈傲寒表示，元宇宙也是百花齐放的，从经营目标角度，希望这个数字孪生的工具能够让所有物联网里的人都用到，能够让用户去打造属于自己的元宇宙，并且有人愿意用它打造一个更大的元宇宙，被更多的智慧地球的建设者使用起来。

"颜色"制造业下的元宇宙

随着时代的不断发展，工业领域也不断产生变革和发展。工业领域关注多个维度的优化：如何用合适的成本实现产品生产的目的？如何在各个生产环节降低能耗？如何降低对环境的不利影响？如何不断提升产品质量？如何保障企业的数据机密？如何规避安全风险？如何缩短产品投放市场的时间？如何精简库存，维持在一个合理的库存平衡？如何准确模拟生产过程？如何提升维修效率，降低维护难度？

第 10 章 谁在做产业元宇宙

元宇宙的概念从开始进入大家视角的时候，更多的是消费应用升级或商业的逐利手段，不少人会因为快速升温的社会舆论及宣传、标榜主体的不客观性，导致了大家的排斥与误解，随之也带来了瞬间爆发的市场认知与反馈，这是每一次新生事物、改革创新的必经之路。随着元宇宙的"前缀"越来越多，人们开始意识到在具体问题具体分析上，它确实给了我们更多的视角，也让我们更多关注到了每一个组成元宇宙的具体技术及应用内容这些年来的大幅进步。

与消费元宇宙不同，产业元宇宙在概念提出之时就是要解决现实中实际问题的一个集合，这与需求整体化而供给侧碎片化的产业互联网一样，也存在着基本矛盾。如何在产业元宇宙中解决流程工业中的痛点，面对痒点，以及发现盲点，在保持高度互联互通性及生态共建中形成统一的目的性，是坤彩科技理解与应用产业元宇宙的方向。

- 痛点：大多数传统制造业首先面临的痛点问题在于安全与环保，从生产效能及风险把控来讲，持续的安全生产是企业存活和盈利的基石，也是最根本的问题之一，很多企业不惜花费重金为自己的产线"上保险"；其次，由于环保法规越来越严苛，社会各界提倡的人与自然完美融合的理念对于生产型企业，尤其是化工行业提出了较高要求，提升了企业的社会责任感及价值贡献高度，这引领着企业将资源不断投向研发形成一代又一代的技术改造，然而这个过程普遍漫长，如正太新材料公司的"盐酸萃取法制备二氧化钛"从投入研发到试产，斥巨资且花费近10年的时间，提升品质的同时解决了环保生产的难题，这是很多中小型制造业望尘莫及的转型方式。这时大家开始思考，如何在保证安全、环保的同时还要保证企业能够不断盈利呢？

- 痒点：经常会有一些让人感觉锦上添花的产品或服务，在原有制造经验的基础上，结合消费互联网的成功模型，衍生出一系列代名词，冠以稳定性、可靠性、降低耗能之名，想要解决企业缺乏先进技术、缺乏专业人才的问题，这是一种对测量、分析、控制、优化的先进技术的渴求。但如何持续地降本增效是制造企业发展过程中伴随一生的课题。

- 盲点：化工行业在信息化和自动化的水平上，仅次于汽车生产，普及率还是比

| 产业元宇宙

较高的，但在智能化、网络化上，与其他产业相比有较大差距，还有些技术及应用没有进入制造企业视线当中。提到数字转型中的流程管理，大家首先会想到工具革命及决策革命，我们如何利用数字工具、智能工具，来帮助企业家或经理人发现管理视野盲区，唤醒海量的睡眠数据，最后形成智能决策呢？

这些，似乎都能在产业元宇宙中找到具体的答案。产业元宇宙作为一套技术的组合拳，在产业中应用，再逐步面向未来演进。相对成熟的元宇宙应用领域——"游戏"，引发了我们对交互业务流的思考，用产业元宇宙思维去解决的第一个问题是大宗商品交易线上化、实体色卡虚拟化。

1. 交易线上化

一直以来，大宗商品交易普遍存在交易成本高、交易环节复杂、初期信任难以建立、供需关系不平衡等问题。受到行业长期以来的交易惯性、从业者圈内固化及较少的科技前瞻性应用等影响，直到今天为止，不少问题仍待解决。如果可以，我们希望交易成本越低越好，甚至趋于零，在这样的条件下，市场就会变得更加繁荣，市场的边界也就会越来越大，这是元宇宙给我们带来的启示。

一般地，企业在市场中的交易费用（包括对货物的认定以及付款信任等）会占到合同金额的10%～20%，甚至更高，而通过在线平台交易，区块链存证等成熟技术赋能后，发生的每笔交易都真实地记录在案，可以将交易成本降至1%以内。通过数字孪生、物联网技术及区块链的不可篡改特性，可实现对货物的品质保证，简化环节，建立信任、全球开放的新交易模式。而商品的价格也会根据购买力及其他可量化的数据进行合理匹配，为实现供需两端的平衡发挥一定的作用。

现有的货币支付体系已经满足不了游戏日新月异的交易需求，站在游戏开发商的立场来讲，建立自己的虚拟货币体系是有利的事情；从构建未来元宇宙的生态来讲，必须有独立于单一游戏的货币体系，才能真正促进元宇宙的发展和元宇宙经济的繁荣。中国的元宇宙必须基于DC/EP（Digital Currency，数字货币/Electronic Payment，电子支付）来构建，这是毋庸置疑的，也是势在必行的。

以上的种种变化小部分归功于技术演进，很大一部分是因为产业交易链正发生着结构性改革，时代推手从消费侧来，到产业中去。

2. 色卡虚拟化

这里先介绍关于"色卡"组成的基础元素，也是坤彩科技主营的全球业务之一：珠光粉，也经常被称作工业味精的一种粉末状颜料，由于其材质的特殊性加之光的干涉效应，在反射光的相互作用下会呈现光艳夺目、五彩缤纷的光泽与色彩。

这种特殊颜料长期以来都坚持着使用实体喷版色卡来进行产品的应用展示。我们会在全球的各大涂料展、化妆品展、车展看到各式各样的色卡图册，它能最直观的说明珠光粉在应用终端最完美的展示，这也是今天的数字化市场实体色卡依然存在的原因。

元宇宙六大支撑技术中的交互技术、电子游戏技术、网络及运算技术，已经基本可以解决实体色卡电子化的问题。我们通过最新的游戏引擎（Unity、Unreal Engine等）为还原珠光颜料在模拟现实场景应用中，利用3D建模（Maya、3dsMax等）快速、高质量搭建珠光素材的接入场景，最后通过实时渲染（ARC、瑞云等）实现了逼真的珠光颜料数字内容的生成。

利用VR、AR、MR等先进的交互技术，使珠光数字内容资产以更加多元化、泛场景化地展现在消费者视野中，这极大增强了用户的认知与体验感、产品共建参与感。甚至在不久的将来，体验感、环境等传感技术的成熟应用，能让用户感知到更多维度的产品特性，催生更多有效应用，让世界各处充满色彩与美好。

最后通过网络（5G、6G等）及运算技术，为建造的"数字珠光宫殿"提供高速、低延时、规模化的接入，为每个无论身处何处的元宇宙"原住民"提供更实时、流畅的体验。

坤彩的下一步——元工厂。现在，我们正在实现生产与消费的统一，将传统市场映射到数字市场，这样就能够整体地洞察需求端，有多少用户、有多少需求、有多少潜在需求都能够被呈现。因此，当企业能够匹配到每个人的需求时，就可以将资源匹配到市场需要的地方，企业将更有针对性、定制化、细粒度地按需生产。这样不仅会大幅避免资源的浪费，行业之间的恶意竞争也将减少，从而去关注并满足暗藏在市场中的长尾需求。这一环节还可以通过技术决策交由更加高效、更低成本和更精准的计算机来完成。剥离了"人"的因素，也就大幅削弱了"人"造成的不确定性、不稳定性及认知的局限性。

未来，数字市场中的商品到消费者手中的数个环节都将不复存在，也就不会存在任何一个环节的信息不畅的问题。试想一下，有一个由元宇宙平台驱动的工厂数字孪生，通过打造便捷生产工具，让社会各界人士轻松参与产品共创项目，收集来自全球每个角落的需求创意，让工程师可以在虚拟空间中测试产品在现实（虚拟）应用场景中显现的问题，从而为定制化、匹配等相关解决方案提供参考，提高生产效率、品质和现实工厂中的产量。

在数字市场中，为消费者提供更加全面的销售、营销与消费服务。消费者能够在购买产品之前通过数字技术进行体验、选型、检验并了解各类产品相关的解决方案，最后，通过跨平台的数字货币进行购买、结算，完成交易链路。我们在数字世界中造物，它将是有关色彩与美好、温暖与善意的集合。

构建元宇宙时代的新安迪比尔定律

如果你是IT产业的相关从业人员，一定对大名鼎鼎的摩尔定律不陌生，所有的消费者都有一个共同预期，只要等上18个月，就可以用现在一半的价格购买同等性能的计算机。那么，是什么动力促使人们不断地主动更换硬件呢？这时就轮到IT产业的另一个重要定律——安迪比尔定律出场了。安迪是当时的英特尔公司CEO安迪·格鲁夫，比尔是微软的创始人比尔·盖茨。安迪比尔定律为IT产业创造了一种绝佳的模式：What Andy gives, Bill takes away。

在计算机的生态链中，以微软为代表的软件开发商获得硬件提升的好处，促使用户购买新款产品，PC整机厂商的销售量提升，最终传导到上游的英特尔。整个链条中，各家的利润先后提升。英特尔再将利润投入研发，按照摩尔定律提升性能，为微软的下一步软件升级做准备，大家皆大欢喜。反过来，如果微软的开发速度慢了，英特尔的股价也就不那么硬气了。

第 10 章 谁在做产业元宇宙

从安迪比尔定律的视角观察，可以得出三个明显结论：

- 在IT产业链中，由两个主要的飞轮驱动，中央处理器和操作系统。
- 在IT产业链中，飞轮环节具有很强的马太效应，具有不可替代的地位。
- 在IT产业链中，位于上游的是软件和服务，位于下游的才是硬件和半导体。

在智能时代，安迪比尔定律是否可以延续，应该怎么构建？这不是容易回答的问题。不过难题自有其价值，遇到问题本身就是一件幸事，尤其是别人还没有找到答案的问题。寻找解题思路的过程很像一次探险，摩联科技的CEO林瑶已经迈上了智能时代的探索之路。

想要构建智能时代的"新"安迪比尔定律，就不能照搬计算机时代的"旧"安迪比尔定律。这句话看起来挺矛盾，为什么这个定律在智能时代没法照搬了呢？

首先，计算机时代更重视应用的迭代速度，而智能时代更重视应用的性能优化。摩尔定律意味着软件的开发者不用过多考虑硬件的性能、资源和内存等使用情况。曾经花费大量的精力优化代码、降低功耗、节省时间的开发者发现，他们这些努力大多都白费了，反而被那些忽略性能、着重于或实用、或酷炫功能的工程师所超越。在智能时代，重视性能优化的开发者们有了反超的机会。与计算机、手机等"家境优渥"的设备相比，物联网硬件中的各种资源和功耗都极为有限，相比实现更多的功能，提升代码效率和降低功耗成为当务之急。

其次，计算机时代的需求主要源于硬件的以旧换新，智能时代的需求主要源于联网设备的普及。由于在计算机时代，硬件性能的提升带来的优势几乎全部被日渐臃肿的软件所消耗，推动人们不断地更换硬件。同时受到摩尔定律的影响，硬件的成本和利润逐年递减，中央处理器制造商需要设法尽量让销量每年翻番，才能弥补产品越来越廉价所带来的销售额下滑。在智能时代，不同品类的物联网设备几乎一生只用来做好一件事情，没有持续换新的诉求，反而希望硬件经久耐用，生命周期越长越好。对于联网设备普及的需求超过了硬件换新的需求。

最后，计算机时代的价值由单独的终端硬件和链条状的上下游企业创造，智能时代的价值则由联网的边缘连续体及复杂的企业生态所创造。计算机时代的单个计算机就能创造价值，虽然计算机也具备联网功能，但人们购买时主要考虑的是处理速度和性能。即便是在断网的情况下，人们仍旧可以使用计算机进行各种文档处理、图片美化或者娱乐消遣。在智能时代，联网是实现价值的基础。单独存在的硬件没有意义，计算同时存在于边缘和云平台，它们之间的界线越来越难以划分。随着云、边、端协同的推进，将不存在单独的云平台和单独的边缘设备，而是连成一片的边缘云，或者称作边缘连续体。联网设备正在被嵌入世界的每一个角落，所有行业都在被数字化技术所改变，企业生态也变得日趋网状化和复杂化。

所以，安迪比尔定律没法在智能时代简单照搬。物联网终端处理器芯片的更新速度，不再需要强行追赶摩尔定律的节奏，软件也没法随心所欲地追求酷炫的功能和获得充足的资源支持。更多的设备只针对专用场景，相比性能的提升，用户更加看重能耗和成本。

那么，既然不能照搬，我们该怎么构建智能时代的安迪比尔定律呢？目前还没有确定的答案，实现的路径有可能不止一条。摩联科技的林瑶给出了其中一种探索思路，在元宇宙时代，新安迪比尔定律的两个驱动飞轮，有可能是物联网通信芯片和设备钱包。

元宇宙时代的"安迪"利用物联网通信芯片，让联网设备的数量按照指数级发展；"比尔"利用设备钱包，承载物联网的多方价值实现与交换，创造设备联网的更多需求（见图10.3）。

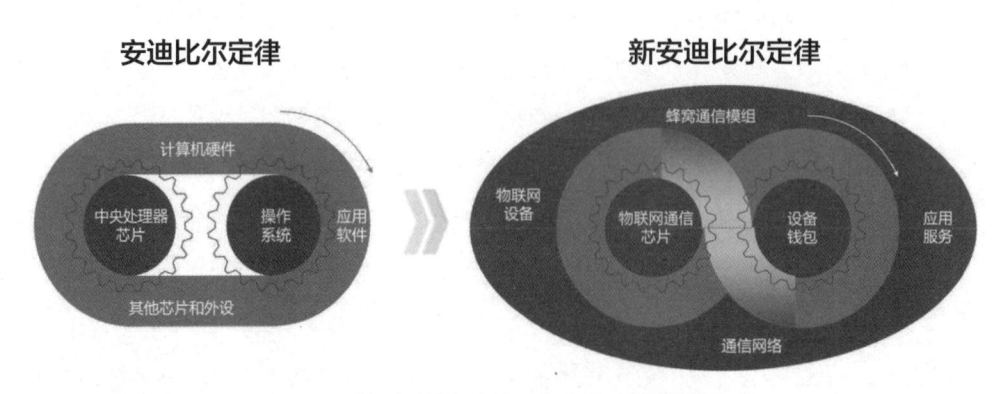

图10.3 从"安迪比尔定律"到"新安迪比尔定律"

构建这个新安迪比尔定律，从哪里起步呢？林瑶为摩联科技设计了一系列前进的台阶。

第一步，研发区块链应用框架BoAT，为设备钱包提供基础设施。

说起构建设备钱包的基础设施，大部分人想到的创新机会是从开发一条专为物联网而生的区块链开始。而林瑶选择了在另外一端，即改造物联网设备端实现可信数据上链，打通设备钱包落地的"最后一公里"，将更多的可信数据从数据的源头搬到链上。BoAT（Blockchain of AI Things）是由摩联科技自主研发，承载在蜂窝物联网平台上的区块链应用框架，支持物联网设备的可信数据上链。BoAT不仅可以实现设备链上标识生成和数据上链，还支持利用蜂窝物联网平台安全能力和根信任，实现设备链上链下的数据关联验证和确权，并在物联网机器支付、物联网设备管理和物联网资产使用权管理这三个场景中做了应用试验。

第二步，建立区块链模组联盟，汇聚国内主流蜂窝通信模组企业。

经过摩联科技的穿针引线，与主流的九家蜂窝通信模组企业（广和通、移远、有方、芯讯通、美格、高新兴、移柯、利尔达、域格），共同发起成立区块链模组联盟，致力于赋能物联网各行各业实现设备数据可信上链的快速改造。

第三步，联合头部企业推出全球首个区块链+物联网通信芯片平台。

紫光展锐与摩联科技等公司，共同推出物联网芯片与区块链底层融合的解决方案。这是全球首款支持区块链技术的Cat 1物联网芯片平台。该平台的发布具有长远意义。我们知道对于物联网来说，在未来几年中，4G不仅会承担蜂窝物联网连接很大的一个份额，也是运营商蜂窝物联网收入的主要来源，其中LTE Cat 1是一个值得关注的分支。从目前蜂窝物联网发展的态势看，LTE Cat 1承担4G物联网连接主力的时机已经开启。

摩联科技已与区块链模组联盟中的企业达成共识，以Cat 1平台作为国内市场区块链模组产品的主力平台。目前BoAT已陆续支持数十家主流模组厂商推出包括4G Cat.1/4G Cat.4/5G/NB-IoT等各类型模组。

当然，智能时代的企业生态中，各个垂直市场的物联网设备厂商和物联网应用服务商是不可或缺的角色。它们最有可能演进为"万物运营商"这种物联网时代的新角色。当一个物联网企业不再是仅仅追求将产品卖给用户，而是在原有基础上不断提供各类附加服务，不断产生新的服务内容和收入方式时，就具备了成为"万物运营商"的基本条件。

为了让新安迪比尔定律的双轮驱动有效运转，就得设法让更多的物联网应用与区块链结合，让设备钱包真正发挥作用。基于数据市场的价值交易，将有机会根据全产业链各个参与方的贡献大小，合理分配数据红利。

新安迪比尔定律有利于跟踪和计算联网设备提供的价值，促成各方实现收益的分配。这种基于价值网络的服务，具有很高的敏捷性和灵活性，构建了一种新型动态平衡。更进一步地说，尽管单个物联网设备有控制者或所有者，但当联网设备的数量越来越多，它们作为一个超大规模的协作网络，具有很强的公共产品属性。

新安迪比尔定律在联网设备构成的网络中，引入了市场机制，可以实现一个去中心化的、以价值交换为基础的设备间大规模协作体系。利用设备钱包可以有效地从设备网络中捕获和交换经济活动的价值，从而创造机器经济的内生增长力量。

当前，Web 3.0和元宇宙概念大火，但相关技术和产业仍然处于早期阶段。摩联科技也在持续探索在这个不断发展的领域有哪些机会。从"物联网+区块链"从业者的角度看，Web 1.0作为互联网的第一次迭代，主要解决的是静态内容传播的问题。Web 2.0极大丰富了人与人的连接，但是海量数据存储在中心化的平台上，个人信息容易被滥用，数据隐私很难得到保障。而Web 3.0围绕着"数据价值"实现了一个信任最小化、无许可、分布式的网络，让用户对自己的数字身份、创作内容、数据和资产拥有完全的所有权控制。它使用户能够读、写，永久拥有自己的上述数字资产。因此，物联网和区块链技术将成为支撑Web 3.0的两大关键支柱。

BoAT物联网可信数字底座属于Web 3.0的基础设施，支持被模块化的构建，以及其他基础软件和协议，例如，数据存储、通信协议、数据分析、AI算法、身份解决方案等灵活组合，方便Web 3.0开发人员像搭积木一样，可以使用BoAT来构建相关"物联网+区块链"应用。

目前，Web 3.0上的商业应用还比较单一，主要集中在付费内容、数字文创、社交和游戏等。通过分布式数据存储和智能合约等实现基于区块链地址的直接交易，从而保护用户的隐私和创作内容安全，防止个人信息被滥用。林瑶认为，未来，物联网与区块链技术在推动Web 3.0发展中将发挥关键作用。因为物联网天然就是碎片化的、分布式的，IoT Analytics的数据显示，2021年全球联网的物联网设备数量达到123亿个活跃终端。海量物联网设备遍布全球各行各业，在制造业、农业、家居、交通、车联网、医疗健康等应用场景都有广泛应用，和Web 3.0信任最小化、无许可、去中心化"的理念高度契合。随着Web 3.0应用场景的不断丰富，智能物联网设备将有机会作为Web 3.0时代物联网海量碎片化应用的可信入口。这是因为，一方面内置BoAT区块链应用框架的物联网设备是物联网数据的可信采集者，从数据源头确保数据全生命周期可信且不可篡改；另一方面，BoAT物联网可信数字底座将成为Web 3.0生态的沃土，随着Web 3.0的繁荣发展而不断得到夯实，从而具有更好的成长性和更多元化的发展潜力。

去中心化的、超大规模的无线网络

Helium公司在试图构建一个去中心化的、超大规模的、通过经济激励促进利益相关者共同建设的物联网设备无线网络。Helium代表了一种基于区块链的架构，从根本上降低了大规模部署和管理无线网络的成本结构。每个人都可以购买若干个Helium网络中的硬件热点，为附近的物联网设备提供信号覆盖，从而参与到网络建设中，并获得收益。

- Helium网络通过覆盖证明（Proof-of-Coverage，PoC）证明网络提供商提供网络服务的空间位置并以此提供覆盖奖励。

- 用户支付少量的流量费来使用网络提供商构建的网络服务。

- 网络中使用的终端和网关设备均为开放协议，任何人都可以构建自己的设备和网关。

| 产业元宇宙

- 网络中任何人都可以构建公有或者私有的LoRaServer，而不用担心应用数据的安全性问题。

- 任何标准的LoRaWAN终端都可以接入Helium网络中，并构建自己的应用。

- Helium陆续开放5G、Wi-Fi等其他无线网络，后续也不排除接入卫星网络的可能。

截至2021年年底，Helium网络中的热点数量超过26万个，覆盖144个国家和地区，22431个城市，并且热点数量按照每月5万个左右的数量递增。Helium的阶段性成功源于对技术路径的选择，以及对激励机制的设计。

从技术路径来看，Helium选择LoRaWAN作为首个部署的网络。如果站在产业经济学角度，对NB-IoT和LoRa的产业链各环节的产业集中度进行过比较，集中度越高，参与企业越少，充分竞争的可能性越小，反之则参与企业多且易形成充分竞争。除了芯片领域，其他环节中LoRa已形成大量的参与企业和充分的竞争。

就激励机制而言，Helium独创了PoC共识机制。PoC机制可以有效验证热点的实际运行情况和网络覆盖范围。该机制由三个角色共同完成，即挑战者、被挑战者和见证人。简单来说，PoC机制中挑战者随机发起挑战，被挑战者接收到挑战信息后，发起一次无线电广播。周围接收到广播的热点作为见证者，将信息回传至Helium网络验证，以此防范不诚实的热点虚假定位。随着网络的扩展，Helium还增加了Data-Only热点，在PoC激励机制之外，传输数据也可获得奖励，任何低成本的LoRaWAN网关都能参与。如今的Helium以指数级的速度成长，它所实现的网络运营效果，堪比拥有数万名员工的大规模企业。

Helium希望实现的网络连接目标很远大，能否如愿还得仰赖可靠的商业模式作为后盾，客户是检验其价值的重要角色。网络效应与价值如何确定？相关的定律有三个。

- 萨尔诺夫定律：网络价值随着用户数量增长呈几何级数上升趋势。

- 梅特卡夫定律：网络价值以用户数量的平方的速度增长。

- 瑞德定律：以上两种定律均低估了网络的价值，尤其是那些容易形成子集的网络。随着网络用户数量的增长，旨在创建群体的网络价值呈指数级数增加。

到底哪个定律更加有效呢？在元宇宙时代，一个不可忽视的变化是"消费者"被"造物者"所取代，每个个体都是元宇宙的"使用者"，同时也是"建设者"。网络中每个节点背后的智慧，决定了整个网络涌现的创造力和价值。因此元宇宙中网络的价值很有可能超越梅特卡夫定律。

Helium中的每个热点就同时具备了"生产"和"消费"的双重属性。量变积累到一定程度就会引发质变。Helium迎来了新的发展里程碑。2021年11月，Senet和Actility两家公司接连宣布与Helium建立伙伴关系，扩大其网络覆盖范围，为数十亿台设备提供漫游服务。这两家公司都是世界知名的物联网连接解决方案提供商，这些合作意味着它们的客户不仅限于沃尔沃、思科、施耐德电气等，都可以漫游到Helium网络。

将"连接即服务"做到极致

在创造价值方面，另一家值得关注的公司是KORE。你有1亿个的物联网连接？太多了！试试1000万个高价值连接吧。这就是KORE公司带给我们的启发。

目前KORE公司已经在纽交所正式上市，为提供物联网"连接即服务"的企业开启了新篇章。为什么KORE这家名不见经传的公司，将"连接即服务"做到了极致呢？因为它凭借区1000万个的连接，就创造了近10亿元的收入。

业界普遍观点是数量是物联网收入增长的关键，规模非常重要。同时物联网价值链最高的部分在于应用，连接虽然重要，但其收入占物联网总体收入的比例不足10%，且逐年降低。但是KORE却用实践"打脸"了这种认知。KORE公司"一反常理"地将物联网连接服务作为其核心业务（占比超六成），为近7000家公司提供服务，也获得了丰富的回报。

KORE是怎么做到的？因为它为全球物联网客户提供了极为"周到"的"连接即服务"。这里的关键词是"周到"。

第一，KORE并非电信运营商，但它和全球主流运营商都建立了"转售"关系。

| 产业元宇宙

KORE往往和当地多家主流运营商均有合作关系，这样确保了KORE的物联网客户有更多选择性。

第二，KORE提供多样化的连接方式和服务。从2G、3G、4G、5G到NB-IoT和LTE-M均有涉及，另外还提供卫星网络接入和非授权频谱LPWAN网络连接服务。在传统连接服务之外，KORE还提供无缝切换的eSIM服务、SIM卡远程配置，甚至部分核心网服务。

第三，KORE提供灵活的资费体系。KORE的物联网连接资费体系比较灵活，有小流量的连接资费、基于使用的付费等多种方式，还有超过100GB的大流量资费，保证各类物联网应用都有对应的收费形式。

第四，KORE简化了合同关系。KORE提供的管理系统为客户简化合同关系和流程，通过单一合同即可管理客户所有物联网连接。

如此周到的"连接即服务"，KORE自然吸引了大批拥趸者，其中不乏优质客户。根据KORE的公开数据，该公司拥有全球3600家客户，其中大量客户的联网设备价值不菲，并且愿意为优质的连接服务付费。截至2021年6月底，KORE覆盖的客户连接数达到了1320万个。每一连接每季度收入为3.2美元，是一般连接服务提供商的十多倍。

根据KORE最新的财务数据，2021年第三季度该公司物联网连接数达到1360万个，LTM（最近12个月）总营收为2.4亿美元。第三季度营收为6790万美元，同比增长22.8%。比较亮眼的数据是，该公司毛利率为52%，EBITDA利润率为25%，ARR年度经常性收入占比为90%。虽然KORE三季度只新增了40万个物联网连接，低于市场平均，但是KORE不断从单个连接中挖掘价值的策略卓有成效。按照单个设备计算，每一连接为KORE贡献的年度ARPU（Average Revenue Per Unit，单个客户平均收入）值为17.7美元，这一数字超越了全球大多数运营商。

与直觉相反，随着连接规模增长，KORE的ARPU值并没有被稀释，反而一贯坚挺。究其原因，仍旧与KORE的发展策略有关，它们并不注重物联网连接数的高速增长，而是专注于发展"连接+服务"模式，深入行业挖掘物联网连接的能力，并且注重提升客户的留存率。

KORE将自身定位为"一站式"物联网连接部署服务商，并将物联网设备连接能力的构建拆分为49个模块与步骤，其中KORE公司负责解决其中的25个步骤，与合作商共同完成19个步骤，剩余的5个模块KORE也有成熟的生态伙伴提供服务。

KORE的"一站式"还体现在能提供覆盖全球、多种类型的物联网连接服务。虽然KORE自身并非电信运营商，但和全球主流运营商建立起"转售"关系，使得该公司业务网络遍及全球190个国家。

为了更好地发挥"连接+服务"模式的优势，KORE逐步提升物联网SaaS服务的占比。在2021年前三个季度，KORE的物联网连接收入增长了4.9%，而物联网解决方案与服务收入同比增长了68.2%。物联网解决方案与服务在整体营收中的占比，从2020年的26%提升到2021年的32%。

为了方便用户选购，KORE提供灵活的资费体系，有小流量的连接资费、基于使用的付费等多种方式，还有超过100 GB的大流量资费，保证各类物联网应用都有对应的收费形式。

其实很多物联网连接提供商都有向位于连接"上方"的应用和服务挖掘价值的想法，但是实践起来并不简单。垂直行业涉及很多资源和经验的综合，实施周期长、决策复杂，也面临着很高风险。垂直领域往往竞争激烈，通常已经有了现成的玩家，手握市场渠道和用户群体。解决这个问题，KORE的思路是通过收购和业务协同，加强在行业应用的实力。此前KORE收购了专注于智能医疗市场的托管服务提供商INTEGRON公司，最近又收购了医疗保健领域的物联网服务公司Business Mobility Partners。相应的，KORE在互联健康这一垂直领域的营收增长超过54%。

KORE的用户黏性很强，2021年第三季度的DBNER（以美元计算的净留存率）为114%，意味着同一批客户在KORE的付费金额越来越多。前10大客户平均与KORE合作了6年之久，这些数据无疑表明KORE的商业模式是成功的。

元宇宙参与者的未来

准确来说，元宇宙并不是一个新概念，而是在数字技术下的一个经典概念重生。然而受技术和产业规模限制，目前对于元宇宙的前景预测以及场景展望较多，距离其实际应用仍有很长的路要走。未来20年，现实世界的一切都有可能在元宇宙重新发生一遍。

从宏观层面来分析，产业元宇宙是技术发展的必然趋势，也是产业升级换代的必然趋势，更是我们人类社会发展的总趋势。元宇宙的核心技术，包括人工智能、5G、云计算、云游戏、VR，以及区块链等关键技术，都将随着元宇宙的发展而逐渐深入。从数字新型基础设施建设、文化新基建内容生产，到生命新基建的化身，元宇宙也在不断进行着自我革命和创造。

当前，虽然已有许多数字科技巨头围绕元宇宙展开布局，但从整体上来看，仍是概念与资本的热度反映，相关布局方式也多表现为传统互联网商业赛道的争夺。从元宇宙的本质属性和产业发展实际出发，未来元宇宙或将出现一些全新的落地方式。元宇宙在不同产业领域当中，发展速度是不一样的，如果某一个产业领域和元宇宙密切结合的可能性越大，它的发展会更快，这包括展览、教育、设计规划、建筑、医疗、工业制造、政府公共服务等。未来我们所有的行业都需要在有空间性、人机性、经济增值性的元宇宙当中重新进入赛道。

在元宇宙的影响下，传统产业将被加速重塑和改造，实现从产业互联网到产业元宇宙的转变。一方面，目前与互联网结合紧密的电商、娱乐、社交、会议等细分领域，将加速进入元宇宙，届时这些领域将迎来体验升级。另一方面，当前与互联网结合程度相对较弱的生产、种植等领域，在元宇宙中，将实现对现有应用场景的超越。作为信息形态与载体的全新升级，元宇宙正以"新物种"的姿态进入经济社会各领域。可以预见，各行各业只有把握住产业元宇宙的发展机遇，充分做好衔接工作才能实现产业的转型升级。

第 10 章 谁在做产业元宇宙

虽然我们离真正的元宇宙还有很长一段路要走,但何为元宇宙"真身",目前尚未有人给出标准答案,亦或许永远没有正确答案,我们只是在无限接近元宇宙的路上罢了。

结语

因为最近在写《产业元宇宙》这本书，发现在向"元宇宙"这个方向望得越多，看到的失败可能性也就越多，不过这并不妨碍我们去尝试。创立特斯拉的马斯克讲了一个故事。他曾在2009年与巴菲特的搭档查理·芒格共进午餐，当时查理向全桌同伴讲述了将会导致特斯拉失败的各种方式。马斯克说："这让我非常难过，但是我告诉他，我同意所有这些导致失败的理由，我们可能会死，但是无论如何都值得一试。"

元宇宙最终的样子和我们的想象可能有很大的差异。SCOOP是20世纪30年代的英国科幻杂志，其中一期展示了人们对车载通话的幻想（见图1）。当时人们的想象是在旅行途中，可以和亲人远程通话，采取的方式是中途停车，将电话插入道路沿线的有线电话设施，这个想法在当时看来很有创意。大约15年后，第一部车载电话问世，而在近百年后的今天，旅行途中的通话已经非常方便和普及。对比想象中和现实中的场景，当时的人们既没有意识到未来即将诞生的无线通信技术，也没有想到电话可以使用视频，更没有猜到显示器可以触控，通话的功能可以通过车载屏幕完成。如今，我们刚刚揭开元宇宙的幕布一角，用今天的技术来预判元宇宙的未来还言之过早。最终版的元宇宙与我们想象中的差距可能很大。

德勤在研究报告《元宇宙综观——愿景、技术和应对》中，认为元宇宙的发展将经历5个阶段。当前我们处于农耕阶段，大量的企业和服务形式出现，市场尚是一片蓝海。不过农耕阶段不会太长，大约10年，后续进入垄断阶段，巨头完成布局和积累，兼并收购中小企业，垄断将持续20年左右。再往后进入虚实共生阶段，最后是虚实博弈阶段。也许大约50年后，虚拟人的智慧和自主行为能力已经达到或者超过人类的平均水平，将与人类竞争对元宇宙的控制和主导作用。

图1 SCOOP杂志展示人们对车载通话的幻想

现在的产业元宇宙很像是数字孪生与混合现实的"查找与替换"。目前真正意义上的产业元宇宙非常稀缺，大部分的元宇宙实例都像是word文档中的"查找与替换"操作，将"数字孪生"和"混合现实"直接换成了元宇宙，但其实离真正的元宇宙还差得很远。因为构成元宇宙的基本要素仍旧缺失，这些要素包括身份系统、经济系统和互联互通的标准。首先，元宇宙需要具备"身份系统"和"经济系统"这两个最基本的要素，如果一个系统不能给用户提供独立的数字身份，用户无法拥有和自由使用自己的数据和ID信息，或者不能形成价值的自由流动，现实和虚拟世界之间没有价值的交互，那么这个系统就不是元宇宙。其次，只有一个元宇宙，创造无数个"小宇宙"意义不大，因此烟囱式、孤岛式的彼此割裂的系统不是元宇宙。

虽然我们对于元宇宙的想象和愿景不一定百分之百会实现，元宇宙很有可能以它自己的方式到来，但是在可能到来的元宇宙时代，最重要的是不要被淘汰出局。

致谢

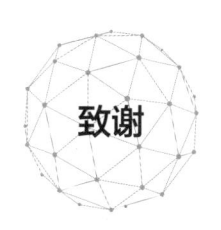

这是我们第一次尝试以"开源"的形式写书,从开始策划到最终定稿,这本书并非仅靠一己之力就可以完成,而是需要汇聚大家的智慧,从"1对1"到"N对N",从"1"的世界到"N"的逻辑,与很多优秀的人一起合作,让我们有机会更深地看待产业,更宽地扩展见识,更广地触及未知,这次经历是一次独一无二的经历。

本书还通过mirror.xyz发表,流程涵盖:链上联合执笔(数字创造)、形成电子书(数字资产)、元宇宙空间发售(数字市场)、链上完成收益闭环(数字货币)。同时本书的内容仍在不断更新,感兴趣的朋友可以访问飞书。

在本书的写作过程中,感谢摩联科技的林瑶和汤敏为我们提供丰富的素材,感谢在飞书上为我们提出中肯意见的各位朋友@Hugh、@Allen、@柳、@醒目的鱼、@jasonsang、@李宝明,感谢在微信上给予我们支持和鼓励的各位朋友@SD、@Vivian、@雨豪、@cherish、@Mukun@FT、@卢卫国、@罗云峰、@麦哲伦、@space、@吴洪|洪观元宇宙。

参考文献

反侵权盗版声明

电子工业出版社依法对本作品享有专有出版权。任何未经权利人书面许可，复制、销售或通过信息网络传播本作品的行为，歪曲、篡改、剽窃本作品的行为，均违反《中华人民共和国著作权法》，其行为人应承担相应的民事责任和行政责任，构成犯罪的，将被依法追究刑事责任。

为了维护市场秩序，保护权利人的合法权益，我社将依法查处和打击侵权盗版的单位和个人。欢迎社会各界人士积极举报侵权盗版行为，本社将奖励举报有功人员，并保证举报人的信息不被泄露。

举报电话：（010）88254396；（010）88258888

传　　真：（010）88254397

E-mail： dbqq@phei.com.cn

通信地址：北京市海淀区万寿路173信箱
　　　　　电子工业出版社总编办公室

邮　　编：100036